感謝折磨你的人

看穿人性篇

凌越——編著

把小人和壞人，當成自己的另類貴人

山本有三曾說：「年輕時代，沒吃過『苦頭』的人，一定無法成長，我一向把曾經折磨過自己的人，當成我的成功導師。」

其實，在這個爾虞我詐的人性叢林中，很多時候我們都得試著去洞穿別人的心機和手段，並且把吃過的虧、上過的當視為成長歷程的養分。

從這個角度而言，那些對你使壞的「小人」，騙你害你的「壞人」，又何嘗不是幫你更瞭解自己弱點、讓你更加成熟睿智的另類貴人？

出 版 序

• 凌　越

感謝那些折磨你的人事物

感謝那些折磨我們的人事物吧！如果沒有這些折磨，我們就不可能激發突破人生瓶頸的潛力，也不可能超越人生的各種困境。

　　法國文豪羅曼羅蘭曾經說過：「累累的心靈創傷，就是生命給你的最好禮物，因為，每個創傷上面都標誌著邁向成功之路的記號。」

　　的確，人性是複雜多變的，日常生活中來自四面八方的那些折磨和苦難，正可以鍛鍊出一個人非凡的能力。因此，假如我們有朝一日功成名就，首先要感謝的，當然是曾經用盡各種手段折磨、欺騙、壓榨過自己的人。

　　因為，如果沒有這些折磨我們心智的人，我們就無緣擁有超越困境必須具備的能力。

　　你覺得目前的境遇不如意嗎？你曾經絕望得想過要放棄嗎？

　　不要灰心得太早，世界上和你有著同樣遭遇的人還有很多；他們之中有不少人最後跳出自怨自艾的框框，轉而開創出自己的一片天空。

　　只要你肯積極改變自己，下一個成功的人就是你！

奧城良治是個剛出校門的年輕人，業務生涯剛起步，立刻面臨無止境的拒絕和挫折，人生幾乎從雲端跌入地獄。

他沒有太多社會經驗，還不懂得調適自己的心情，每天四處奔波勞碌，不但毫無收穫，還要周旋在各式各樣的「奧客」之間，忍受冷嘲熱諷和挑剔，這樣的地獄人生有什麼意思？

奧城良治意志消沉，只差沒走上自殺一途。

有一天，他感到尿急，便在鄉下的田埂邊撒尿，見到田邊有一隻青蛙，正好奇地對著他看。

「好啊！我已經這麼慘了，你還用這種眼神看我，我就讓你比我更慘，以消我心頭怨氣！」奧城良治對著無辜的青蛙喃喃自語地說著，隨後瞄準青蛙的頭，調皮地把尿往牠頭上撒。

原本以為青蛙會落荒而逃，想不到牠不但沒有走，甚至連眼睛也不眨一下；青蛙的神情怡然自得，像在享受一次舒服的溫水淋浴。

突然之間，奧城良治腦中靈光乍現：「如果青蛙都可以把這樣的羞辱當作一次暢快的淋浴，樂在其中，那我為什麼不能把客戶的拒絕當成一種享受呢？推銷員可以像青蛙一樣，無論遭遇多少次拒絕，面對再怎麼惡劣的態度，只要逆來順受、視若無睹，就不會覺得有任何的不快了。」

奧城良治在青蛙的啟示下，領悟推銷的極致道理，發明一套「青蛙法則」。從此以後，他謹記著這個法則，在進入汽車公司後第十八天，他總共拜訪一千八百多位客戶，也終於簽下了第一份訂單。

此後，奧城良治平均每個月賣出八部車。經過一年的磨練，他的業績提升到十五部車；又過了五年之後，他的成績更呈倍數成長，每個月平均賣出三十部車。這樣的好成績連續維持了十六

年，奧城良治成了全日本汽車界的銷售之王，他把成功完全歸功於自己發明的「青蛙法則」。

山本有三曾說：「年輕時代沒吃過『苦頭』的人，一定無法成長，我一向把曾經折磨過自己的人，當成我的成功導師。」

確實，在這個爾虞我詐的人性叢林中，很多時候我們都得設法去洞穿別人的心機和手段，並且把吃過的苦、上過的當視爲成長歷程的養分。

從這個角度而言，那些對你使壞的「小人」，騙你害你的「壞人」，又何嘗不是幫你更瞭解自己弱點、讓你更加成熟睿智的另類貴人？

人生過程中，遭受折磨、欺騙、壓榨，並不全然是壞事，因爲，唯有經歷過這些遭遇，人才能累積豐富的人生經驗，讓自己心思更細膩，個性越堅強。

所有加諸在我們身上的痛苦磨練，其實都在培養我們面對逆境時所需要的抗壓力。遇到痛苦和折磨，如果選擇轉身逃避，那麼這些痛苦折磨就會成爲你向下沉淪的拖陷力量，但是，只要願意面對，那麼這些痛苦和折磨就會成爲超越人生困境的主要動力。

感謝那些折磨我們的人事物吧！如果沒有這些折磨，我們就不可能激發突破人生瓶頸的潛力，如果沒有這些折磨，我們也不可能超越人生的各種困境，將生命提升到另一個境界。

C ONTENTS

PART 1
越貪婪越容易受騙上當

少一點貪婪，多一點踏實，我們才能真正地享
受生活的樂趣，也才能開開心心、自由自在地
享受富足人生。

PART 2
以和爲貴才能事半功倍女

誰的面子你都可以不必理睬，但是至少你要為自己想
想，為了達到更高的成就，凡事我們都應該以和為貴。

PART 3

留心逢迎諂媚的小人

忠言永遠逆耳，對你有所貪圖的人，他們當然會多講一些你想聽或是你喜歡聽的話來迎合你。

PART 4

不知明哲保身，就會遺憾終身

選擇明哲保身才是良策。一旦參與了過多的口舌之爭，我們很快地也會成為一個搬弄是非之人，並深陷是非的囚牢中。

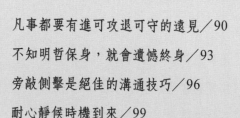

C ONTENTS

PART 5

與人溝通要懂得投其所好

每個人都有機會表現自己，也有更多要讓步以求全的時候。對此我們不必懷抱不滿，因為在我們成功之前，首要學習的正是犧牲和退讓的睿智。

PART 6

不怕沒機會，只怕沒本事

希望找到「對的人」，總是需要一點時間等待，挑選時別忘了多點誠意與氣度，好魚兒自然會蜂擁而來，全數上鉤。

Grateful to your enemy

PART 7
不要被你最信任的人操縱

對於人的信任不要全心投入，再親近的人也要有些保留，
畢竟真正肯犧牲自己成全別人的人從來屈指可數。

PART 8
要有審時度勢的智慧

遇到緊急時刻，我們要有審時度勢的智慧，在
尚未評估出對手的實力前，要以退為進，發揮
求生的機智與勇氣，才能化險為夷。

CONTENTS

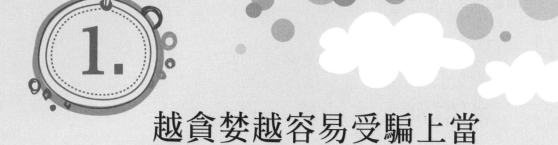

1.

越貪婪越容易受騙上當

少一點貪婪，多一點踏實，

我們才能真正地享受生活的樂趣，

也才能開開心心、自由自在地享受富足人生。

相信別人才能獲得真心

越與人計較，我們越無法看見別人的長處。

而越猜忌懷疑，我們越無法贏得別人的真心。

人與人之間最難建立的關係正是信任。

信任度的建立無法靠單方面表現而得，如果我們的心中始終抱持著懷疑的態度，無論對方付出多少努力，永遠也得不到真正的信任，彼此間的合作也必定會屢出狀況，更別提如何共創雙贏的結果了。

劉邦手下一群老部將對於陳平的升職都很不服氣，於是他們聚集起來，想盡辦法要把陳平拉下馬。

不久，軍中傳出了這樣的消息：「聽說陳平曾經與他的嫂嫂通姦，是個人品極差的傢伙，真不知道主公為何這樣器重他。」

劉邦聽聞這樣的消息，立即找來魏無知問話：「陳平是你舉薦的，你難道不知道他有這樣的壞名聲嗎？」

魏無知回道：「主公，陳平傳出惡名的原因並不在於他的背景，而是因為他初來乍到，一下子便升任要職，以致眾將不服啊！對於傳言中通姦一事，事實上臣也略知一二，陳平家境清貧，父母早亡，向來與兄長同居，但是嫂子卻一直視他為眼中釘，總是

對他惡言相向，兄長因此故而休了妻子，之後便傳出了陳平與兄嫂私通的傳言。其中真相如何，臣確實沒有再予追究，臣推薦陳平的原因，沒有其他，只因他有真本事。」

劉邦聽完後點了點頭，不過，當他正準備說話時，陳平忽然出現。

剛剛魏無知的一番話，陳平全聽見了，他主動地說：「主公，我陳平曾在項羽和魏王手下做過事，然而他們並不惜才，直到我聽說您重視人才，所以來投奔您，關於他人中傷之事，臣不想多做解釋，只要漢王覺得臣不可用，那麼您給的四萬兩我會立即奉還，馬上告辭。」

說完，陳平將印信拿了出來，劉邦見狀，一把抓起印信說：「從今天起，你便是護軍中尉，眾將全權由你監護，如果再有人散佈謠言，你大可依法處理。陳將軍，劉邦不曉得事理，差點誤了大事，請容許我在這裡向您賠罪。」

說著，劉邦起身要向陳平行禮。

陳平大驚，連忙跪下，還流下了兩行英雄淚：「主公如此待我，陳平必定誓死效忠，絕無二心。」

劉邦點了點頭，上前扶起了陳平說：「今日之事確實是我的錯，如今我有張良、韓信、蕭何和你，何愁得不到天下！」

果然，陳平不負劉邦對他的期望，更未有辱自己的承諾，輔佐劉邦對抗項羽時屢出奇謀，功勳彪炳。

劉邦死後，他仍然忍辱負重，協助新主平定呂氏之亂，安定劉氏天下。

尋找忠誠伙伴的最好方法，就是我們要先表現出待人的誠摯

與信任，一如劉邦省思的：「是我不對，我不應該對你有任何質疑。」

其實，對一個人產生質疑，便表示我們已對他失去了信任感，更可能辜負了誠心與我們合作的朋友。在我們尚未確知對方懷有二心前，自己的心早已浮動不安了。

因此，與其計較別人是否真心待己，我們何不先問問自己：「我是不是真的相信對方，願意與他禍福與共呢？」

從魏無知的角度來看，我們也明白了，原來人與人之間的交往關鍵只在於「信任」。只要你相信對方會是個好幫手、好伙伴，那麼他就絕對會成為自己的好拍檔。就像魏無知所暗示的：「既然我們期待的是一個有能力、有本事的合作對象，又何必對那些已經過去的事諸多計較呢？」

的確，越與人計較，我們越無法看見別人的長處。而越猜忌懷疑，我們越無法贏得別人的真心。所以，我們會發現：「真正能成就大業的人，在他開放的心胸中永遠看不見猜忌的心思。」

解決「人」的問題，方法只有一種

學會搭台階給人下，學會怎麼結束人與人之間的戰爭，學會在關鍵時刻控制好自己的情緒，我們將明瞭「退一步海闊天空」的道理。

　　行銷的技巧有很多種，解決問題的方法更是不計其數，但是在面對人際關係的問題上，卻只有一種方法，那就是看誰願意「先退一步」。

　　「退一步海闊天空」，只要我們願意先轉換自己的情緒，再大的問題也一定會找到透氣的出口。

　　賀伯是個非常努力的推銷員，雖然他同時要推銷六七種不同的商品，但是他從不覺得辛苦，反而認為是個難得的歷練。

　　自從投入職場後，賀伯便憑著流利的口才與細心的態度，很快地攻佔消費者的心，無論什麼樣的產品，每個月他都會有一定的成績，這也讓每個與他合作的行銷夥伴非常輕鬆，當然也更願意大方地與他分紅。

　　口若懸河與反應靈敏是賀伯的成功原因，不過他今天向客戶丹尼爾解說產品時，這些優點似乎表現得並不理想，賀伯不經意中得罪了他。

　　丹尼爾暴跳如雷地指著他說：「你這是什麼意思？」

　　賀伯今天確實有些失常，他居然也不甘示弱地說：「丹尼爾，你實在很不理智，如果您不高興，我可以讓您變得理性一點，我可是軍校畢業的。」

　　聽見賀伯這麼說，丹尼爾更不高興了，憤怒地說：「是嗎？雖然我有家庭了，但是在這個情況下，我很願意好好地奉陪……」

　　「丹尼爾，您是一家之主？那您有孩子了吧！」賀伯忽然問道。

　　丹尼爾回答：「當然有了，你又想說什麼？」

　　沒想到滿臉不悅的賀伯，忽然換了張和顏悅色的笑臉，接著問道：「孩子們應該有八、九歲了吧？」

　　「差不多吧！你到底想幹什麼？」丹尼爾感覺氣氛有些詭異。

　　賀伯突然跳了起來，接著緊緊地捉住丹尼爾的手說：「太好了！」

　　丹尼爾被賀伯這個動作嚇得退了一步，賀伯接下來卻是笑容滿面地說：「丹尼爾，您真是太幸運了！《兒童報》即將出版了，訂閱一年只要六塊美金！內容是由多位權威人士所撰寫，紙張厚實，不會輕易被孩子們毀損，內頁的插圖則是由國內著名的藝術家們繪製，全彩印刷且絕不褪色，如何？您要不要為孩子們訂一份呢？一定會對他們有很大的助益！」

　　賀伯這突然的舉動和轉變，讓丹尼爾一時呆住了，不過，這樣的轉折變化卻逗得周圍的人們哈哈大笑。

　　最後，丹尼爾竟然訂閱了二份報紙，使原先劍拔弩張的小糾紛以喜劇收場。

　　從一開始的爭吵到最後簽下訂單，看起來十分戲劇化。先是

對立然後退讓的過程，轉變看似突然，實則一切都掌握在賀伯這個推銷員手中，因為其中解決關鍵正是賀伯靈活運用這份新出版的《兒童報》，不但止息紛爭，更創造了好業績。

如果，賀伯和往常一樣，直接向消費者推薦這份報紙，想必也只能簡簡單地陳述報紙的內容和特色。這些都是人們在推銷時的共通方法，當然很難吸引人們的目光。即使賀伯的口才再好，可能也激不起消費者的訂購慾望。

因此，他用了點巧思，在平淡的溝通過程中激起一點火花，然後瞬間澆熄並讓對方來不及反應。一時間，消費者面對突如其來的轉變，當然反應不及，只得順著情勢而走了。結果正如我們所看見的，丹尼爾最後選擇了訂閱報紙，因為他知道：「賀伯是有心退讓的。」

日常生活中，我們經常會遇見人際間的對立與爭吵，想解決問題扭轉劣勢的人，便要向賀伯學習。學會搭台階給人下，學會怎麼結束人與人之間的戰爭，學會在關鍵時刻控制好自己的情緒，我們將明瞭「退一步海闊天空」的道理。

能共患難不一定能共享福

放寬視野，不圍限於眼前的小利，生命的價值不是只有眼前利，還有許多我們可以和朋友共享，真實擁抱的幸福。

梭羅曾經寫道：「人們所謂的社會美德，和睦相處的關係，緊挨在一起，只是為了相互取暖。」

但是，如果有一天，跟你緊挨在一起的人，突然用腳踢你，用嘴巴無情地批判你時，也別太驚訝，因為，這就是人性。

在我們的身邊其實不乏這樣的人，他們佔盡便宜也享盡權利。

開始時他們很願意與你共患難，但事情成就之後，他們的私心盡現，不僅開始斤斤計較，也開始排斥曾經患難與共的老朋友。

十六歲那年，年輕而沒沒無聞的傑克‧倫敦跟著姐夫一塊兒來到阿拉斯加，加入了當時淘金的熱潮之中。

在這條辛苦的淘金路上，傑克結識了不少朋友。在這裡什麼三教九流的人物都有，而他們的成長背景一個個也都比傑克還要貧困，但是他們卻一點也不埋怨，面對未來始終都充滿了希望與活力。

其中有位來自芝加哥的坎里南，當時已步入中年，儘管走過的艱辛已足夠寫成一部厚厚的人生傳記，但是他對於過去始終微

笑以對。

　　每天夜裡，傑克總是喜歡和他在月光下聊天，聆聽他的人生故事，並爲他的精采經歷感動落淚。

　　有一天，傑克突然想到：「爲什麼我不將他們的故事寫下呢？」

　　於是，傑克的人生目標有了坐重大的轉變，他決定開始寫作，寫下關於這群淘金者不爲人知的生活經歷。

　　在坎里南幫助下，傑克利用休息時間看書、學習。二十三歲時，他終於完成了第一本處女作《獵人》，不久他又出版了小說集《狼之子》。

　　由於內容描述淘金工人們的辛苦生活，不僅滿足了好奇的讀者，更感動了許多不了解淘金生涯的群眾。

　　因爲淘金者的故事深受中下層人士的喜愛，傑克也因此靠著這個主題走上了成功的道路，他不必等待看見金沙，便已經成功「淘金」了！

　　只是，成功並沒有爲傑克帶來真正成功的未來。

　　因爲，好不容易脫離貧困行列的傑克，似乎對金錢越來越看重了，他甚至還公開聲明：「我是爲了錢才寫作的！」

　　當他嚐到了豪華奢侈的生活後，出手也越來越大方了。但是，這些財富他卻不願與曾經同甘共苦的朋友們分享，他似乎遺忘了那些一路上全心協助他，幫忙尋找創作靈感的朋友們。

　　有一天，坎里南來芝加哥探望傑克，然而，傑克卻忙於各式各樣的應酬聚會和修建新別墅，根本無心招呼坎里南。雖然他們曾經見面了兩次，但是傑克對他卻十分冷淡，甚至表現出一副不太想理睬的神情，這樣輕蔑的態度讓坎里南十分難堪。

　　在第二次見面聚餐時，坎里南吃到一半便起身離席，傑克當然沒有上前挽留，因爲他一直希望這些朋友別再來找他。不久，

他的希望終於達成了，那些淘金朋友們全都頭也不回地離開了他身邊。

沒了淘金的朋友的幫忙與鼓勵，也沒了故事題材的源泉，不知道怎樣珍惜，傑克的人生也慢慢失去方向。生活中不再有感動，他的靈感自然枯竭，最終傑克倫敦再也寫不出好作品了。

慢慢地，傑克倫敦開始走向精神與金錢的危機，最終他受不了沈重的壓力，在自家寓所結束了生命。

當傑克倫敦坐享成功的果實卻忘了朋友時，我們也預見他的未來即將失去支持。這是見利忘義者的共同下場，因為最後的結局都是他們一手造成的。

無論在什麼時代，都有因為私心貪慾所造成的悲劇不斷上演，就像故事中的傑克倫敦一般。然而無論警世的故事怎麼傳播，似乎都無法根治人們的私心和貪念，以致於悲劇一再地發生。

要怎麼樣才能讓人們捨棄貪念，與朋友共享福禍？

在傑克倫敦了結生命的那一刹那，有人聽見了他的懺悔：「是我忘了生命的初衷，忘了當初的創作目標。原來我想和人們分享這群生活辛苦卻快樂充實的朋友們的故事，更想和人們共同珍惜人生中的感動。但我卻被自私的貪念所佔據了，我忘了自己對生命的承諾，也辜負了支持我的熱情朋友們。」

傑克倫敦的故事告訴我們，人必須克服人性中的弱點。放寬視野，不再侷限於眼前的小利，我們自然會發現，原來生命的價值不是只有眼前利，還有許多我們可以和朋友共享，真實擁抱的幸福。

越貪婪越容易受騙上當

少一點貪婪，多一點踏實，我們才能真正地享受生活的樂趣，也才能開開心心、自由自在地享受富足人生。

貪婪是人性的一大弱點，貪婪的念頭一起，我們便已陷入危機之中。即使明知眼前方向有誤，很多人還是會盲目地踏上。

抑制不了貪婪的人，往往都得等到大難臨頭、跌入谷底之後，才會驚覺這一切不過是華麗的騙局！

東漢時期，宦官張讓不僅獨攬大權把持朝政，更敢隻手遮天。朝野人士都知道，若想得到提拔升遷的機會，便得過得了張讓這一關。因此，只要是想快速升官的人，個個都搶著巴結張讓府邸裡的人。

有個初到京城的富商孟倫，一到洛陽便聽說這個消息。當他仔細了解情況之後，心中也有了絕妙的生財之道。

他先是打聽到，由於張讓平時都得在宮中侍候皇上，家中全由一位管家主持事務，每個想求見張讓的人都得先經由他的安排。

探明情況之後，孟倫便從這位管家著手。

他打聽到管家經常上的酒館，便在那裡等候，伺機接近。他果真很幸運，第一天等候便等到了管家。

　　管家享用完餐點後，卻發現忘了帶銀子出門，所幸他與酒館老闆早已熟識，因此便言明暫時賒帳，等下回光顧時再付。

　　不過，這時孟倫卻立即上前解圍：「管家，您這頓飯我請。」

　　只見孟倫大方地拿出銀兩支付，接著便與管家閒聊了起來。受人恩惠的管家心中甚是感激，再加上兩人的交談非常熱絡，孟倫與管家很快地便成為朋友。

　　魚兒上鉤了，孟倫更是用心奉承，很快地他便擄獲了管家的心，由於管家收了孟倫不少好處，但孟倫卻從來都沒有要求回報，這竟然讓慣於「吃黑」的老手也心生愧疚之意，這天他問孟倫：「你有沒有需要我幫忙的地方？」

　　孟倫一聽，連忙說：「我本來就喜歡結交朋友，別無所求，不過，如果您不為難的話，我很希望您可以當眾對我一拜。」

　　管家笑著說：「這有什麼難的！」

　　第二天，孟倫來到張讓的府前，那些盼望升遷、趨炎附勢的小人也早已擠在門前，靜靜等待管家開門安排。

　　不久，管家領著奴才們開門見客，眾人也立即湧上前去。這時，管家卻忽然揮了揮手，領著奴才們朝著孟倫的方向前去，接著他帶頭向孟倫行跪拜禮，然後客客氣氣地引領他進入府邸。

　　眾人一看見管家對這個陌生人如此恭敬，無不議論紛紛，心裡揣測：「他一定是張府的重要人物。」

　　「這個人和張讓的關係肯定非比尋常。」有人交頭接耳地說。

　　於是，那些等不到管家的人紛紛轉向拜託孟倫，他們將原本要給管家的金錢，全數送到了孟倫家。

　　至於孟倫，他當然早預料到這種結果了。因為他在管家身上下那麼多的功夫，無非就是為了今天，面對這些捧著金銀財寶上門請求的人，孟倫一概允諾，不到十天，他便累積了萬貫家財。

那麼人們的拜託呢？

自從有天黑夜孟倫舉家偷偷離京後，就再也沒有下文了。

不知道是孟倫太奸詐，還是被慾望蒙蔽的人根本看不見現實真相？

不論是管家被利用了，或是奸商的本質太過詭詐，問題關鍵始終都出在「求官者」的身上，若不是他們利欲薰心，被孟倫清楚看見人們急於求官的弱點，他們怎麼可能會被欺騙？而且是被騙得血本無歸？

這類故事的道理古今皆通，在在說明如果我們能少一點貪婪之心，社會上受騙的哭泣自然會少一些。

世上沒有白吃的午餐，沒有付出努力而得到的財富，原本就讓人感到不踏實了，更何況是故事中那些只懂逢迎巴結而沒有實力的求官者呢？抑制不了貪婪的人又怎麼可能真正地得到成功的機會呢？

真正的機會要靠自己創造與爭取，我們才能清楚掌握自己的未來，也才能不必受制於人，自在地享受豐收的果實。

少一點貪婪，多一點踏實，我們才能真正地享受生活的樂趣，也才能開開心心、自由自在地享受富足人生。

多動腦找出更好的方法

先制定戰略，再活用戰術，只要我們能多花
點巧思，多動動腦，人生的路並不難走。

　　人生最艱難的事，並非是「做人」，也不是「做事」，而是
你是否具備做人做事的謀略，也就是不論你做任何對自己有利的
事，都要讓別人認為你做得合情合理。

　　商戰的技巧很多，生活的巧思也俯拾可得。

　　凡事多動一動腦，讓視野再開闊一些，那麼無論事情怎麼艱
難，也不管麻煩多大，我們最後都一定能帶著微笑，輕鬆解決。

　　松下幸之助在參觀荷蘭的菲利浦公司時，被該公司先進的技
術所吸引，當下便決定與菲利浦合作。

　　隨後，雙方研議要在日本建立一家股本六‧八億日元的合資
公司——松下電子公司。

　　然而，在菲利浦開出的合作草約中，菲利浦只出資百分之三
十，松下電器卻得出資百分之七十，而且菲利浦的百分之三十還
得扣除他們的技術指導費。總結下來，菲利浦公司實際上一分錢
也不必花。

　　其他還有技術使用費與專利轉讓費用，合計約二億日元，是

松下公司得另外支付的部份，這對資本額不到五億元美元的松下公司來說，無異是個沉重的負擔。

面對這項負擔，連精打細算的松下幸之助也有些遲疑。然而，當他對菲利浦公司做了深入的研究調查後，還是決定答應了這項要求。

因爲松下幸之助發現，菲利浦公司擁有超過三千名的研究員。如果他們想要自己創造相同規模與水準的研究所，恐怕得花上幾十億日元和好幾年的時間。

如今，他只要花二億日元就能充分地運用菲利浦公司的資源，何樂而不爲？所以松下毅然地與菲利浦公司簽訂了合作之約。

不過，松下幸之助畢竟不是省油的燈，在權衡現實情況之後，他先表現合作誠意，接著便開始積極地爲自己爭取權利。

最後，他向菲利浦公司要求：「既然你們要拿技術指導費，那麼我方也要拿經營指導費，這樣才公平。」

這個理由看起來似乎有些牽強，但還說得過去。畢竟眼前菲利浦想打進日本市場，確實得靠松下公司的經營經驗，最後雙方達成協議，讓雙方的「指導費」各自降爲百分之二，松下先生也輕鬆地省下了技術指導費的支出。

在松下先生的獨到眼光與經營技巧下，他們不僅讓該公司成爲日本主要品牌，更在很短的時間內搶佔了全球的市場。

「退一步然後再進二步」，正是松下幸之助的成功技巧。

因爲雙方是合作伙伴，所以他明白要維護彼此權益的最大公約數。他不急不徐地找出彼此的需求與合理的資源分配，後而輕鬆巧地爭取到自己的權利，如此高明的商戰技巧確實令人佩服。

這個故事的寓意在於：「只要我們能多花點巧思，多動動腦，人生的路並不難走。畢竟路是人走出來的！」

解決問題，當然要多動動腦，就像松下幸之助一般先制定戰略，再活用戰術，每件事都要通盤考量，並仔細權衡整體的利益得失。如此我們才能冷靜處事，也才能找到共創雙贏的絕佳辦法。

實力是阻絕閒言閒語的最好方法

如果我們不能比別人更加積極主動，只知道
一味地退讓或等候，那麼機會永遠只會停留
在別人的手上。

　　搶走別人手中的機會雖然有些殘忍，但換個角度看，好的機會如果不能讓一個真正有實力的人擁有，不是太浪費了？

　　所以，面對機會，我們不要有過多的考慮或遲疑，大方爭取就對了。關於人們的閒言閒語，等你展現實力之後，他們自然知道該閉嘴了。

　　一落筆詩境便讓人迷戀的唐代大詩人王維，卻曾因為《鬱輪袍》一案，讓許多人對他的為人處事發生質疑。

　　據說，當初王維到京城準備參加科考時，曾向岐王請託，希望能得到太平公主的薦舉。不過，當時太平公主卻早已答應張九皋的請託，如今要她向主考官重新推薦人選似乎不太妥當。

　　因此，岐王為難地對王維說：「公主性格剛強，想要求她改變主意並不容易。我想到一個法子，你先挑選出十首舊詩作，然後再將之編成一首哀怨動聽的曲子，五天之後再來找我吧！」

　　王維依約在五天後來找岐王。只見岐王拿出了一件花俏的衣服，將王維巧扮成樂師，一同來到公主的府第裡表演。

岐王對公主說：「感謝公主接見，今日臣等特別獻上美酒音樂來侍奉您。」

只見酒菜擺好後，樂工們也依序入殿，眾人之中王維顯得氣質翩翩，十分吸引人，其中當然也包括公主了，公主一看見王維便問岐王：「這是什麼人？」

岐王微笑道：「是個很懂音律的人。」

接著，王維便演奏新譜成的琵琶曲，音樂果然淒美動人，在座的人聽聞無不動容。這時公主走向王維，親自詢問他：「這首曲子叫什麼？」

王維見狀，立即起身說：「《鬱輪袍》，公主。」

看來公主相當欣賞王維，岐王乘勢說：「公主，這個年輕人不僅音樂好，更是寫得一手好詩啊！至今尚未有人能超越他呢！」

於是，岐王示意王維將整理的詩作呈上，公主仔細閱讀後，果真讚譽有加：「這些詩是你寫的？我一直以為是古人之作，竟是你寫的！」

這時，岐王繼續推薦王維說：「這個年輕人如果能科考高中，朝廷實在是多得了一個難得人才啊！」

公主一聽，不解地問：「為什麼不讓他去應試？」

岐王道：「這個年輕人心高氣傲，如果沒能得到尊貴的人引薦考中榜首，他寧願不考。只是微臣聽說您已經推薦張九皋了，如今再也沒有人可以幫他了。」

沒想到，公主竟對王維說：「喔，我還以為什麼事，我也是受人請託才辦的，如果你真的想考，我當然幫你囉！」

王維一聽，連忙起身答謝，而公主也立即向主考官改薦王維之名。不久科考結束，王維也果真一舉登第。

　　無論古今，人們爲了爭得一席成就無不掏空心思，即使實力堅強的王維也一樣無法免俗。但是在舊的思維中，這些巧取得來的成就始終令人非議。

　　不過，面對新時代的價值觀念，相信有許多人會肯定這樣的做法，肯定這種積極爲自己爭取機會的聰明人。

　　畢竟如果他們一點實力也沒有，再多的小動作也幫不了他們。

　　歷史故事中經常引人深省。成功的定義，一如王維在故事中的表現：「只要有實力，你絕對有資格從別人的手中搶回機會！」

　　不同往日，如果今天我們不能比別人更加積極主動，只知道一味地退讓或等候，那麼機會永遠只會停留在別人的手上。

　　其實，只要有能力，我們不必在意人們的議論，因爲，接下來你只要全力以赴，努力展現實力，總有一天所有人會肯定你的才華，對你佩服得五體投地。

想贏得支持便得先展現誠意

能將心比心的人，才能結交出患難與共的情誼。如果我們表現出來的誠意不足，對方自然也會感受到虛情假意。

你覺得身邊知心的朋友很少嗎？

或是老覺得別人想在背後捅你一刀呢？

其實，原因並不難解。缺乏朋友的人，不也是因為自己不願主動與人交流，所以總是形單影隻？而那些老是覺得別人想從背後捅他一刀的人，其實在他們的心中也都有著相同惡毒的念頭。

所以，若是你希望得到他人的關照，那麼你也得誠懇地先關懷別人。

滑鐵盧一役大勝後，威靈頓公爵帶領著英軍凱旋而歸。

由於威靈頓面對的是人人懼怕的拿破崙及強悍的法國士兵，因此，當他奉命帶領英軍跨海會戰時，人們一點也不看好他們。

如今，威靈頓公爵卻率領軍隊吹奏勝利的號角回來，當然聲名大噪，許多人都期待著親眼目睹公爵的風采。

為了慶祝勝利，也為了犒賞這群英勇的士兵們，王室立即舉辦了一個隆重的慶祝大會，當天居住在倫敦的王公貴族幾乎全都到場。

晚宴開始之後，敬酒聲此起彼落，王室準備的豐盛菜餚更是讓這群久未飽餐一頓的士兵們滿足酣暢。

最後一道菜撤下之後，每個人的面前都端上了一碗清水，按照宮廷規矩，這是即將上甜點前，讓謹守繁複禮數的貴族們洗手用的。

就在這時候，有一名士兵卻端起了這碗水，猛地咕嚕一聲吞下肚子。

此舉頓時引來人們的嘲笑聲，這時士兵才知道自己的動作錯了，羞得滿臉通紅，一時間也不知道該如何是好。

沒想到威靈頓公爵一看，卻站了起來，笑笑地說：「各位女士、先生們，讓我們共同舉杯為這位英勇的戰士乾一杯吧！」

說完，他也端起了桌上的那碗清水一飲而盡，現場的嘲笑聲登時換成了熱烈的掌聲，所有人都被他的心意所感動。眾人有默契地舉起這杯「清水」，向所有士兵致敬，特別是善體人意的威靈頓公爵！

威靈頓公爵的動作看起來很簡單，但他為了化解尷尬而放下身段的舉動，卻是無比的崇高且令人敬佩。

故事雖短，但情感滿溢，小小的軼聞記載了一個領導者的成功風範與典型。

威靈頓公爵體貼地化解士兵們的尷尬，我們也可以想見，他在戰場也必定是個能與士兵們共患難的好將領。

能體察下意的領導者，才會有願意為他賣命的忠臣。一個能體貼人心的主管，身邊一定會有全力付出的下屬，這其中並沒有什麼領導的學問，只是簡單的道理：「能將心比心的人，才能結

交出患難與共的情誼。」

　　「人同此心，心同此理」，萬物交流的自然法則從未改變。人是最依賴情感的動物，如果我們表現出來的誠意不足，對方自然也會感受到虛情假意。換句話說，期望人際關係穩固，便得時時檢視自己的情感是否真切。

做人偶爾要懂得裝傻

越聰明的人越要懂得裝傻。我們不必急著強出頭,因為前方處處都是陷阱,走慢一點無妨。

　　舉止言談有點樸拙沒關係,只要你知道自己並不真的傻呆就好。做人偶爾傻一點會比較好,因為在這個充滿狡詐的社會中,大多數人的目標只會放在那些四處展露的天才身上,對於偶爾會「凸槌」的聰明人,他們往往殊於防備。

　　曹操命令工匠修築一座花園,花園剛建好時,曹操親自去巡視了一下,看完之後不發一語,只便在門上留下了一個「活」字。

　　大家看見這個字,都丈二金剛摸不著頭緒,唯獨主簿楊修明白:「門內有活,不正是個『闊』字嗎?看來主公是嫌園門太闊了。」

　　於是,工人們立即將園門重新修過。

　　又有一次,塞北胡族送來了一盒酥餅,當時曹操在盒子上寫了「一合酥」,然後便把酥餅隨意地放在桌上。沒想到,他的猜謎遊戲又被楊修解出來了,只見他笑著對大家說:「你們把這盒餅分了吃吧!」

　　曹操知道後,立即召來楊修問話:「你為什麼這麼做?」

楊修回答：「主公上面寫明了，一人一口酥，不是嗎？」

雖然楊修猜中了，但屢屢被猜中心思的曹操卻很不高興，因為一向擔心被暗算的他，寧願身邊都是些笨蛋，也不要這麼一個比他聰明的賢能之士。

天天都擔心被害的曹操，還想了一個理由不讓侍從太靠近他：「我最近老是在夢中殺人，你們不要太靠近我，免得無辜受害。」

有一天曹操在午休時，卻故意將被子踢到地上，一位內侍見了，體貼地上前幫他蓋被，未料卻被假睡的曹操一刀殺死。

事後，曹操厚葬了這名內侍，但聰明的楊修卻說了一句「丞相非在夢中，君乃在夢中耳」，暗喻內侍的無辜與曹操的惺惺作態，這話當然令曹操十分不滿。

直到建安二十年，曹操出兵與劉備爭奪漢中時，曹軍久攻不下。一天晚飯時，曹操看見一道雞肋，隨口說出了「雞肋」二字。

當晚曹操巡營時，卻見軍士們居然收拾起行囊，怒道：「誰叫你們收拾的？」

眾軍說：「楊修大人說，主公傍晚說的雞肋指漢中食之無味，棄之可惜，所以要我們先行收拾，再等候主公您的命令。」

曹操一聽，怒不可抑，立即找來楊修，大大地斥責他一番之後，更藉機給了他擾亂軍紀的罪名，立即處斬。

當領悟力高的楊修遇上了善妒的曹操，結果令人不勝唏噓。冷靜評析，這或者正是「聰明反被聰明誤」的必然結果！

就現實情況來說，並不是每個人都能欣賞你的聰明悟性，因為大多數人都希望能比別人強，所以越是暴露出你的聰明才智，越容易讓自己處在危險的環境中，因此智者常言：「聰明人要懂

得如何隱藏鋒芒！」

　　一如「大智若愚」的旨意，我們不必急著展露自己的才華，偶爾要讓人們以為我們還在落後，他們少了防備心，我們反而更有機會從劣勢中扭轉乾坤。

　　就像故事中的楊修，他應當私下與曹操討論，不要急著出頭，甚至可以製造機會，讓所有答案都由曹操解開，這不僅能保住曹操的面子，更能讓他明哲保身。

　　不從權勢地位的角度探究，平凡如你我，為了保護自己，我們都應該要懂得隱藏。畢竟，大多數自恃於聰明才智的人，他們四處展露自己的才能之後，結果幾乎都和楊修一般悽慘，因為他們經常忽略了再聰明的人也會有弱點。

　　所以，越聰明的人越要懂得裝傻。我們不必急著強出頭，因為前方處處都是陷阱，走慢一點無妨。既然路還很長，我們可以先看看別人怎麼走，然後再把聰明才智用在最重要的關鍵時刻。

重新建立你的第一印象

所有的轉變都是為了改善自己的形象，更希望能重塑人們對我們的第一印象。讓人們更願意接納我們，給予我們更多的機會表現天賦。

生活的驚奇隨處可尋，偶爾的小變化就能帶來一個大驚喜，有時只要一轉彎，我們便能發現新天地。

我們不需要擔心生活中的變化，因為每個「轉變」都是一隻全新的色筆，只要你願意執筆彩繪，人生的天空必定美麗無限。

小雁是個長相平凡的女孩，從小她便與哥哥相依為命，因為父母早逝，這兩個孩子比起同齡的孩子們都來得獨立堅強。

特別是小雁，為了生存，不僅培養出男孩子的性格，舉止豪爽大方且不拘小節之外，對於外表也一點都不在意。所以，關於溫婉文雅或輕柔淺笑的女孩形象很難發生在她身上。

雖然小雁身邊有許多異性朋友，但是他們從來都把小雁當「哥們兒」看待，他們總說：「她一看就像個野小子，哪有什麼女孩魅力啊！」

如今，小雁已經來到了雙十年華，是女孩們最具魅力的時期，然而無論從哪個角度來看，小雁始終都是大伙的「好哥兒們」。

直到有一天，表妹送給她一套漂亮的淑女服飾之後，小雁的

外在形象與人生才開始起了微妙的變化。

這天，小雁剛洗完頭，烏黑的秀髮正散落在肩上，不想太快吹整頭髮的她，拿出了表妹送的套裝試穿。

「真是奇怪？」小雁左看右看，只覺得這樣的淑女裝扮實在很不適合自己。

她攬鏡自照時不禁嘟了嘟嘴，原來她想再試一試，看看自己是不是能像電影裡的女主角那般「淑女」。

「這麼噁心！」小雁搖了搖頭。

就在她準備換下服裝時，門外忽然傳來敲門聲，小雁急急忙忙地跑了出來，卻是一位要來找哥哥的陌生人，小雁微笑著說：「對不起，哥哥不在。」

話一說完，小雁便把門關上了。

然而，卻沒有料到，她的這個打扮與微笑竟深深地吸引了這個陌生男子：「我從未見過這樣美麗的女孩！」

男子對小雁真的是一見鍾情，從此經常藉故來找小雁的哥哥，並慢慢地接近小雁，以便隨時找機會表示愛意。

男子經常對小雁說：「妳是我遇見過最溫柔、最美麗的女孩了！」

小雁一聽卻猛搖頭，不以為然說：「你是不是有問題？我哪裡美麗溫柔了？你該不會是生病發燒了吧！」

但是，不管小雁怎麼說出「事實真相」，男子始終堅持他鍾情的「第一印象」：「無論如何，我願意等妳！因為我知道那天看見的感覺才是妳的本性，只是妳自己還沒有發現罷了！」

小雁的心似乎有些被打動了，男子也不斷地告訴她，所有粗野、邋遢與不拘小節的舉止根本只是假象：「其實，妳一直都很想當個淑女吧！」

不知何時小雁竟開始有了轉變，或許是從她接受男子的那一天開始的吧！

小雁如今已經是兩個小孩子的媽咪，而且是個溫柔賢淑的好太太。每當想起這段愛情往事，小雁總是甜美地笑說：「我真的要好好感謝表妹，感謝那天美麗的午后，感謝老天爺給了我一個表現美麗印象的巧合！」

形象是可以修正的！因為愛情的力量，也因為形象的重新建立，小雁不僅找回了自己，她的人生也有了更豐富多元的色彩。

修正人們對我們既有的印象，絕對有好處。那就像喜歡變化造型的人一般，無論我們什麼時候看見他們，除了新鮮感之外，最重要的是，因為轉變所帶給他們的自信滿滿與神采奕奕。

所以，小雁的轉變並不是麼奇蹟，那只是簡單的心境轉變。當大多數人以相同的角度看她時，她也慢慢地習慣了在固定的角度中看自己，忘了內心真正的渴望，也忘了展現她的特色。

運用到人際交往中，我們也讀到了故事中的隱喻：「所有的轉變都是為了改善自己的形象，更希望能重塑人們對我們的第一印象。讓人們更願意接納我們，給予我們更多的機會表現天賦。」

以和為貴才能事半功倍

誰的面子你都可以不必理睬，
但是至少你要為自己想想，
為了達到更高的成就，
凡事我們都應該以和為貴。

想做大事就要先學會做人

我們如果連最基本的人際關係都做不好，又怎麼能圓滿地達成必定會繁複糾結的各項人事呢？

人與人之間最常出現的爭執點，很多時候並非源自事件的本身，而是出在人們經常不願溝通，只想發洩的無聊情緒上。

其實，絕大多數的人並不是不懂得怎樣做人，只是太喜歡濫用情緒處理事情了，以致於讓每件小事到最後都演變成了大麻煩。

有位老師帶了二十四多名學生到某間實驗室參觀，由於天氣十分嚴熱，所有學生全枯坐在會議室裡等待主管，心情顯得煩躁。

這時，有一位秘書捧著水走了進來。只見同學們全都表情木然地看著她，似乎沒有人感激秘書送水的誠意，甚至還有人大刺刺地這麼問：「沒有綠茶嗎？這天氣實在太熱了。」

秘書客氣地回答說：「對不起，綠茶剛好沒了。」

這時，有個女同學實在看不下去了，心裡忍不住嘀咕：「人家為你倒水，你還挑三揀四的。」

當秘書走到她的面前時，女孩立即堆滿笑容，輕聲地說：「謝謝，天氣這麼熱，還要妳這麼忙碌，真是辛苦妳了。」

秘書一聽，立即抬頭看了女孩一眼，臉上盡是感激的笑容，

雖然這是一句很普通的客氣話，但這卻是她今天最想也是唯一聽到的感謝。

不久，門忽然又開了，只見主管匆匆地走了進來，隨即和大家打招呼：「真是抱歉，讓大家久等了。」

聽見主管的道歉話，學生們似乎認為這是應該的，甚至還有些不大諒解，因此現場靜悄悄地完全沒有人回應。

女孩看了看，便輕輕地帶頭鼓掌，其他同學們這才稀稀落落地跟著拍手，由於掌聲稀落不齊，聽了反而讓人感到煩躁。

主管揮了揮手，接著說：「好，歡迎同學們來參觀，平時這些事都是由秘書處負責接待，不過我和你們的導師是老同學，所以由我親自來向大家介紹本公司的經營情況。王秘書，請您去拿一些紀念手冊送給同學們吧！」

不久，秘書抱來一疊紀念冊，並由主管親自分送給大家。當主管雙手將手冊呈到學生面前時，卻見這群非常沒有禮貌的同學們，不僅全部靜靜地坐椅子上動也不動，甚至連眼皮都不肯抬一下。

更扯的是，他們一個個全都是單手接過主管手中的紀念冊子，這個情況讓主管的臉色越來越難看，一直走到女孩的面前。

已經快要沒有耐心的主管，強忍著脾氣走到這個女同學的前面，就在這時，女孩很有禮貌地站了起來，接著也雙手握住手冊並恭敬地說：「謝謝！」

主管一看，當然眼前一亮，他伸手拍了拍女孩的肩膀：「妳叫什麼名字？」

只見主管微笑點了點頭，心情頓時好轉，這也讓感覺幾乎想挖個洞躲起來的導師，稍稍地鬆了一口氣。

兩個月之後，老師通知這位女同學：「畢業後妳直接到那間

實驗室工作。」

　　有幾位大感不滿的同學覺得不公平，便找導師質問：「為什麼她一畢業，您就幫她找到工作了？」

　　導師看了看這幾張還沒長大的臉，笑著說：「那不是我幫她找的，是實驗室裡的人親自來請她到實驗室幫忙的。」

　　我們經常聽長輩們這麼叮嚀：「不會做人就別想成就大事！」

　　做人之所以這麼重要，故事中的這位女同學已經提供給我們一個很好的典範。因為「人」才是一切的重點，像是服務生面對著消費者，像是與我們擦身而過的陌生人，又或是故事中的同學與主管，無論在什麼樣的領域中，人與人之間的互動必定是生活中的重點。

　　因為，我們如果連最基本的人際關係都做不好，又怎麼能圓滿地達成必定會繁複糾結的各項人事呢？

　　會做人才能成就大事，這不是什麼特殊的口號或權謀，而是一個再平常不過的生活觀念。試想，當我們聽見別人由衷的一句「謝謝」，和一個禮貌體貼的小動作時，是否也深受感動呢？

　　人際溝通的方法不需要太花俏太刻意，簡單的體貼動作，溫暖的感謝心意，這樣就足夠換得無法計數的回饋。

　　懂得這樣虛心待人接物的人，計較的並非是回饋的多寡。他們要的，一如你我所需，也是一份相互的體貼與感謝心。

小心功高震主招來災禍

誠意真心總是敵不過現實猜忌，在競爭激烈
的社會，偶爾反向操作才能保護自己，不致
於因為功高震主招來災禍。

安份守己不代表要全盤托出自己的赤誠愚忠，展現自己的才
能比任何人強，也不一定能得到讚許或拔擢。

因為，所有積極力爭上游的人，都是為了高人一等，一旦這
些人好不容易登上了高峰，他們當然只想一個人獨佔峰頂。

蕭何在滅楚興漢大業中立有大功，劉邦也因此將他排在眾臣
之首。

後來，韓信被誣告謀反，當時劉邦正巧出征在外，由蕭何協
助呂后掌理內政，設計除掉了韓信這個心腹大患。

由於平亂有功，蕭何的官銜便從丞相提升為相國，封地也增
加了五千戶，此外，劉邦還賜了五百名士兵給他。高升之後，相
國府天天都有人前來祝賀，唯獨一位名叫召平的秦朝遺老竟然登
門致哀。

他對蕭何說：「你就要大禍臨頭了，如今主公餐風宿露征戰
於外，您只是坐鎮京師，什麼戰功也沒有，主公卻讓你增封地、
設衛隊，這是為什麼？你以為理由真的那麼單純？其實是因為韓

信剛剛謀反，主公對你心存懷疑，想以此對你加以籠絡，絕非寵信你啊！」

蕭何一聽，連忙請教：「我應該怎麼辦？」

召平回答：「把封賞讓出來不要接受。此外，你還要將自己的家產拿出來資助前方軍隊，如此一來，主公必定十分高興。」

蕭何認為他說的十分有理，便依計行事，果然立即得到劉邦肯定的回應。

又過了一年，英布謀反，劉邦再一次率兵出征，不過在前線指揮作戰時，他卻不斷地派使臣回京師，目的竟是想打聽蕭何在做些什麼事。

盡忠職守的蕭何原本想：「皇上出征在外，我身為相國，本該盡心安撫百姓，並多籌備糧草輸往前線。」

但不久，又有貴人向蕭何說：「您恐怕會有滅族大禍啊！如今您貴為相國，功列第一，官不可再升，功不可再加，然而，自您進駐關中十幾年來卻甚得民心。唉，如今主公經常派使臣來打聽您的情形，正是擔心相爺的聲望太過響亮啊！皇帝很擔心您會對他構成威脅。」

蕭何一聽，吃驚地問：「那我應該怎麼做才好？」

貴人建議說：「您可以四處壓價買田，故意高利放債，令民怨四起，如此才能讓多疑的主公卸下心防。」

蕭何聽從了他的意見，也這樣做了，果然劉邦再也沒有派使臣前來監視了。當劉邦班師回朝時，看見老百姓紛紛上書狀告蕭何，劉邦卻一點也不怪罪他，反而將老百姓的狀紙交給蕭何，還笑著對他說：「你自己處理吧！」

即使「功高震主」，處事也絕不能「喧賓奪主」，就像故事中的蕭何與劉邦的關係，畢竟對大多數的領導人物來說，他們好不容易坐上了龍椅，自然不肯輕易離座，面對著台下虎視眈眈的企圖者，他們更是小心翼翼地防範著。

蕭何心中只有安分盡職之意，這樣的防備與猜疑當然很冤枉。然而，誠意真心總是敵不過現實猜忌，在競爭激烈的社會，偶爾反向操作才能保護自己，雖然有違己心，但這確實是保障自己的最好方法。

人生路偶爾要靠自己製造彎道，不要一路直線前進，因為那樣不僅不易隱藏鋒芒，還很容易被自己的小聰明誤事。

所以，別擔心小小的轉彎會耽擱了前進的時間，因為在轉彎處，我們反而更能看清人心的險惡與可怕的陷阱。用小小的延誤換取永遠的平安，哪一個才是聰明的選擇，相信你一定知道。

多說好話有益無害

人類是最重視心理的動物，不管外在多麼風光華麗，再多的裝飾也遮掩不了我們內心的孤寂，因此再自傲自負的人，仍然期望人們的讚美和肯定。

別再吝嗇付出你的微笑！人際溝通最好的開始，從來都是從一個點頭微笑。

希望能得到別人的真心讚美，那麼我們就要懂得先感激別人。在他們辛苦付出之後，適時地獻上一句：「謝謝你，你真的好棒！」

下車前，阿民聽見朋友對計程車司機說：「坐您的車真是舒適，謝謝！」

只見司機笑笑地點了點頭，也回應了一聽「謝謝」之後便離開了。

阿民看見朋友這麼做，感覺十分彆扭，於是忍不住質問朋友：「你有必要這麼做嗎？你說這麼多又沒什麼好處！」

朋友搖了搖頭，然後笑著說：「我只是想讓生活中多加點人情味而已！」

阿民卻頗不以為然地吐槽：「人情味？你以為一句謝謝，就能讓這個城市變得有人情味嗎？如果沒有人理你，不是白搭了？」

「怎麼會白搭呢？只要我行動了，起了帶頭的作用就夠了。因爲我相信，一個小小的讚美可以讓那位司機一整天都心情愉快。如此一來，他無論載到什麼樣的客人，一定都會對他們抱著和善可親的態度，當乘客們感受到司機的熱情與溫暖而有了好心情，他們自然也會對周遭的人報以微笑，不是嗎？想一想，從我一個人開始，能傳遞溫情給那麼多人，這樣不是很好嗎？」朋友認真地分析著。

阿民聽完後，只聳了聳肩。因爲朋友說的似乎也有道理，即使他並不完全認同，卻也想不出駁斥的好理由。

「我曾經仔細研究過郵局的員工。我發現，他們最欠缺的是人們對他們的工作肯定。」朋友繼續說。

阿民一聽，立即回應：「他們怎麼不好好反省自己的服務態度不佳呢？」

朋友搖了搖頭說：「話不能這麼說，當每個人都以『理所當然』的心態與他們接洽時，有多少人心存感謝呢？如果我們多給他們一點鼓勵，不再用『理所當然』的眼光去看他們，也許你會感受到不一樣的服務態度啊！」

「也許吧！」阿民還是很不以爲然地回應著。

只見朋友嘆了口氣，然後他忽然換了一個微笑迎向走來的女孩。

這時，冷漠的阿民忍不住訓他：「喂，剛才走來的女孩長得那樣平庸，你爲何對她笑呢？你認識她嗎？」

朋友滿臉無奈地回答：「我不認識啊！不過我想，如果她是個老師，今天她上課時學生們一定會如沐春風。」

阿民看著朋友，笑著搖了搖頭，不過他似乎有些理解這個朋友的做法了，他說：「好啦！你開心就好！」

朋友聽見阿民這麼說，連忙回應他：「沒錯，這樣做真的很快樂喔！」

開口讚美人真的不難，讓嘴角微微上揚更是簡單的事，只是為什麼我們總是做不到呢？其實，很多人就像阿民的心態一樣，對於這樣的小動作都很不以為然。他們吝於對人微笑或說好話的原因，只是一句「沒有必要」，因而從早到晚總是鐵青著臉面對身邊的人事物。

問題是，真的沒有必要嗎？

我們先問一問自己：「看見別人冷冷地目光時，你會有什麼感受？是不是感覺很不舒服呢？如果周圍總是一句又一句的斥責聲，你今天快樂得起來嗎？」

人類是最重視心理的動物，不管外在多麼風光華麗，再多的裝飾也遮掩不了我們內心的孤寂，因此再自傲自負的人，仍然期望人們的讚美和肯定。

我們不也如此？那麼和我們一樣期待的人們，不也正等著我們的開口，等待著我們誠摯的肯定與一抹真心微笑！

以和為貴才能事半功倍

誰的面子你都可以不必理睬，但是至少你要為自己想想，為了達到更高的成就，凡事我們都應該以和為貴。

爭吵不僅苦了別人，更苦了自己，因為任誰在仇怨與對立中生活，他們的情緒肯定惡劣，更別提展顏笑容了。

惡言相向的日子永遠比不上笑顏生活來得輕鬆自在，所以能忍一時並退一步為別人著想，其實最大的受惠著始終是我們自己！

這天，乾隆在和珅與劉通訓的陪同下，一同到承德避暑山莊觀景、賦詩。

望著煙雨樓前的湖面，碧波蕩漾，美不勝收，轉頭西望則是重巒疊嶂，乾隆皇隨口說出：「什麼高，什麼低，什麼東來什麼西。」

劉通訓一聽，也隨口和道：「君子高，臣子低，文在東來武在西。」

只見乾隆點了點頭，但這一幕看在和珅的眼底卻十分不是滋味，只因劉通訓的文采比他強。雖然不高興別人的才情高於他，但是和珅確實才華不夠，這會仍得花些時間想一想如何應對。

不一會兒，他說：「天最高，地最低，河（和）在東來流

（劉）在西。」

　　果然是小氣的和珅才想得出來的對句，非得用諧音爲自己扳回一城不可。他藉著皇家禮儀中，東爲上首西爲下的習俗暗示劉通訓：「你這個老傢伙雖然是三朝元老，但始終在我和珅之下。」

　　這樣的譏諷果然激怒了劉通訓，只見他瞪著和珅，似乎恨不得立即教訓和珅一頓，以消胸中怨氣。

　　這時，乾隆又要兩個人以水爲題，各拆一個字與一句俗語，然後再作成一首詩來與眾人分享。

　　只見劉通訓望著水中的自己，一副老態龍鍾的模樣，轉眼卻見和珅自負得意之形，他忽然靈機一動，詠道：「有水念溪，無水也念奚，單奚落鳥變爲雞，得意的狐狸歡如虎，落坡的鳳凰不如雞。」

　　和珅一聽，自然聽出了劉老一方面暗自讚嘆自己的才華，另一方面則諷刺他是狐狸、雞。這當然令不願輸人一截的和珅十分不滿，立即反唇相譏：「有水念湘，無水還念相，雨落相上便爲霜，各人自掃門前雪，哪管他人瓦上霜。」言外之意，正想暗示劉通訓顧好自己即可，別再多管閒事。

　　說了那麼多劉通訓與和珅的交戰，乾隆皇哪兒去了呢？

　　一向聰明過人的乾隆皇帝當然也沒閒著，他聽見這兩個臣子以詩交戰，自然察覺出他們的不和與較量的弦外之音。

　　於是，他面對著湖水說：「朕也來對上一首吧！有水念清，無水也念青，愛卿協心便有情，不看僧面看佛面，不看孤情看水情。」

　　和珅與劉通訓聽罷，心中爲之一驚，臉上滿滿的羞愧顏色。因爲他們聽出皇上要他們同心協力的期望，兩個人因而醒悟，立即拜謝皇上。

　　沒有人可以擁有完美無瑕的人際關係。就算是待人接物高人一等的人，也只不過是比我們懂得什麼叫做「忍」，也比我們更了解，當個可以協調人際溝通的和事佬，總是比每天與人計較、爭執來得快樂。

　　所以，與其漲紅了臉等待報復或回擊對手，不如退一步想想：「再吵下去，根本是在浪費生命，無謂的對立和爭鬥對我們又有何好處呢？」

　　與人起爭執時，別忘了冷靜地想一想。別管你的地位在誰之上，也別計較你在誰之下，何須執著於形式上的位階，一定要較量出高下？

　　我們在日常生活中，不也曾像和珅與劉通訓一般，與同一個屋簷下的人不斷爭執，甚至惡意中傷身邊的伙伴？最終目的竟只是為了爭名奪利，試問值得嗎？

　　誰的面子你都可以不必理睬，但是至少你要為自己想想，為了達到更高的成就，凡事我們都應該以和為貴。

賣弄小聰明，只會誤大事

處事不能光靠小聰明。偶爾賣弄也許無傷大雅，但是卻絕不能一再地沉溺於小聰明的成功中而志得意滿。

我們常說：「路，在嘴巴上！」

這是一個很簡單的道理，就是我們要「多問」。不懂就要問，因為生活最忌諱一知半解，似懂非懂的情況反而更容易讓人迷失。不明白處更要能拋開面子問到明白，怎樣也比自恃小聰明來得安全。

懂得「不恥下問」才能真正地顧了裡子和面子。

有天，一個愚蠢的魯國人舉著一根很長的竹竿子進城。只見他豎直了竿子，準備往城門裡走去，但是竹竿子比城門還要高，竹竿的頂端正好卡在城門上，以致人與竹竿都無法進城。

於是，他把竿子轉向橫擺，卻見竹竿的身長還是比城門寬長，魯國人當然還是不能跨進城門一步。

這時，來了一個自以為聰明的老頭兒，說道：「你怎麼不把竿子截斷呢？」

沒想到這個魯國人真聽了老頭兒的話，截斷長竹竿，開開心心地進城了。

　　但是，他怎麼沒有想到，當初他之所以拿長竹竿進城的原因是，有人需要這根長長的竹竿子來立旗幟啊！

　　魯國人在處理這件棘手的問題時，缺乏足夠的智慧，始終表現出一籌莫展的笨模樣。但是，故事中的老頭兒似乎也和魯國人旗鼓相當。他自以為聰明過人，想出了將長竿子截斷的妙計，卻怎麼也想不到只要輕鬆地轉個頭，便能讓竹竿子直接穿入城門的方法！

　　像這類案例俯拾可得，例如美國有位撰稿員便曾經犯了這麼一個笑話。

　　有一天，派到華盛頓特區採訪的他，由總統辦公室的助理帶領參觀時，非常仔細地在辦公室裡觀察。由於當天總統不在府邸，於是他請求助理讓他在總統坐椅上試坐一下，助理當場也親切地答應了。

　　不過，就在他坐下的時候，忽然發現座椅上有四個不同顏色的按鈕。

　　於是，撰稿員便猜想：「嗯，這紅藍綠白四個按鈕，肯定是用來聯絡國防部、克里姆林宮或英國官方，或者是連接到核武設備呢！」

　　這名撰稿員越猜越得意，只見他天馬行空地開心猜想著，卻怎麼也不肯向身邊的助理詢問按鈕的真正用途。

　　然而，就在他得意於自己即將發表的聰明想像時，《時代》雜誌已經早一步發刊，如實地報導了這四個按鈕的用途：「總統辦公室助理說，總統需要飲料時便會按下這四個按鈕之一，白色代表牛奶，紅色表示要咖啡，藍色表示要汽水，至於綠色則是要白開水。」

　　凡事不要故作聰明，即使真的有小聰明的人也不要輕易地表現，畢竟聰明與愚笨往往只有一線之隔。越是喜歡表現的人，大都只是有點小聰明的愚者。

　　因為，當他們展現一身洋溢的才華時，也經常讓缺點曝光而不自知，就像許多愛好表現小聰明的人最常顯露躁進的個性，便是其中之一。

　　所以，竹竿子應該怎麼進城，四個彩色按鈕代表什麼意思，如果故事中的主角不自作聰明，願意謙虛地多詢問、多思考，便不至於犯下這麼離譜的錯誤，讓原本到手的成功機會平白錯失了。

　　處事不能光靠小聰明。偶爾賣弄也許無傷大雅，但是卻絕不能一再地沉溺於小聰明的成功中而志得意滿。

　　畢竟小聰明並不能代表一個人的真正實力，更無法成為我們的成功保證，一旦錯用了，反而會成為導致失敗的主因。

想自在生活就要誠實面對自己

因為害怕，也因為習慣了逃避，在心虛與不斷逃避的生活中，人變得越來越怯懦，也越來越不知道如何擁有自在快樂的生活了。

我們都知道，解決問題的最好方法就是「面對」。

要如何實踐「面對」？每天在鏡中告訴自己：「我要勇敢地抬起頭，睜大雙眼，毫不閃躲地面對自己！迎向前方！」

剛談完生意的小劉，正急著到律師事務所簽訂合約。當他準備打開車門時，有個女子也神色匆匆地朝他走來。

「請問，這是您的車嗎？」年輕女子問道。

小劉點了點頭：「是。」

只見女子的臉上立即堆滿了歉意：「對不起，我剛剛撞到了你的車子。」

女子老實地指著已經破裂的車尾燈給小劉看，小劉這才發現車子被撞了，他老實不客氣地罵道：「妳怎麼搞的，這我剛買的新車耶！」

「對不起，對不起，我一定會賠償的。」女子滿臉愧疚地說。

小劉卻嘆了口氣道：「怎麼賠？」

聽見小劉這麼說，女子連忙回答說：「對不起，我今天沒有

帶很多錢出門。所以,如果您方便的話,能不能請你明天再送修,然後你告訴我修車的地點,我會親自過去支付修理費。」

小劉感覺這個女孩十分有誠意,於是點頭答應。忽然,他發現了:「等等,妳一直在這裡等我嗎?」

女子點了點頭。小劉見狀,先是嘆了口氣,接著笑著說:「算了,妳也不是故意的,這件事我自己解決就可以了,以後妳要小心點。」

雖然小劉已經原諒了女子,但是女子卻堅持:「對不起,還是讓我賠償,表示一點心意吧!拜託您!」

小劉已明白女孩是個有教養的人,勇於認錯也期望人們的原諒,深受感動的他也體貼地不想再計較了。但是,女孩似乎仍然堅持要負責,於是他只得說:「好吧!明天上午,我會把車子送到這棟大樓後方的修車廠修理。」

送修後的第二天,車行打了一通電話給小劉,說有個女孩支付了他的修車費,並留了一封信給小劉。

信上,女孩寫著:「修車費已付清。很抱歉,給您平添了這麼多的麻煩。其實我是一個教職人員,會有這樣的堅持是因為我必須這麼做,才能坦然面對我的學生,也才有教導他們誠實做人的資格。因此我很感謝您願意讓我負責,否則我恐怕一輩子都要害怕學生們的眼光,害怕他們發現我曾經犯的錯誤。現在,我仍然可以每天充滿自信地迎接每一個尊敬的目光,所以我真的很感謝您的理解與原諒。」

對於女孩的誠實面對,你是否也感動了呢?又或者你覺得這只是個偶然發生的故事,在現實生活中根本難得一見?

人性不全然是黑暗的，心中先別急著存疑，我們可以先問一問自己，相同的事情發生在我們身上時，是否也希望能像小劉一樣幸運，能夠遇見這麼一位可以感動並改變自己生活觀感的女孩呢？

職場上，我們都希望能找到一個勇於負責的上司；生活中，我們更期望能擁有一個願意負責、可以依靠的肩膀。「負責」一直都是人們的夢想與期許，在期望別人的同時，其實在我們的潛意識中也正深深地期許著自己。

那麼，人們爲什麼總是不能誠實地面對自己呢？

因爲害怕，也因爲習慣了逃避，所以我們失去了面對問題的勇氣。

於是，在心虛與不斷逃避的生活中，人變得越來越怯懦，也越來越不知道如何擁有自在快樂的生活了。

其實，願意面對錯誤，我們才能自信地面對生活中的一切人事物，也才能夠讓自己過著坦蕩自在的生活，也才能好好享受陽光般燦亮的人生旅程！

「和睦」是事事順利的推手

人類社會中最基本的互動，更是讓人們懂得
「互助合作」的重要性引導。

生活中，少了與人和睦相處的積極態度，我們的生活始終都不會快樂。

帶著灰暗的情緒看事情的人，生活的感受當然也會是灰暗的，我們何苦讓自己處在這樣不愉快的氣氛中呢？

午後，天空忽然變暗，接著下起了一場驟雨，有三個出外化緣的和尚正巧走進同一間破廟中避雨。

三個和尚互相認識之後打開了話題：「咦？這間廟為什麼荒廢了？」

穿黃色袈裟的和尚說：「看來一定是原來的和尚們不夠虔誠，以致於菩薩不願顯靈，所以荒廢了。」

但是，身穿灰色袈裟的和尚卻不這麼認為，他搖了搖頭說：「一定是這裡的和尚不夠勤快，沒有人願意動手整修自己的廟宇，以致於廟宇越來越破舊了！」

這時，另一個袈裟上處處補丁的和尚卻說：「看來應當是這裡的和尚待人不敬，使得香客再也不願意來這裡奉獻。」

就這樣，三個和尚為了這間廟宇荒廢的原因各持己見，居然還起了爭執。最後，他們決定要留下來，各憑本事興旺廟宇，看看誰的理由才是正確的。

於是，一個每天虔誠地禮佛誦經，一個則是努力地修整清潔廟宇，另一個則是勤快地出外化緣講經。

三個和尚果然各憑本事，慢慢地讓這間廟宇的香火越來越旺了。如今，整間廟宇不僅煥然一新，香客更是絡繹不絕。

原本三個和尚一直安分地各做各事，不料後來竟又起了爭執，這一次他們則是為了廟宇的興盛在搶功。

「這一切都是因為我虔心禮佛，所以菩薩顯靈。」穿黃色袈裟的和尚說。

「誰說的！要不是我勤勞地整修，妥善地管理，廟庫怎麼能這麼充實？」穿灰色袈裟的和尚不滿地說。

這時，第三個和尚穿著一身已殘破不堪的袈裟出現，說：「你們居然想搶功，要不是我辛辛苦苦地四處勸世，香客怎麼會這麼多？」

就這樣，這三個和尚再起爭執，成天爭論不休，忘了廟裡的事務，致使廟中才興旺不久的香火也逐漸消失了。

當廟宇再度殘破得無法安身時，三個和尚只得各奔東西。

分手之後，三個還算有悟性的和尚，最後總算理出了一致的結論：「這間廟的荒廢的原因，不是因為和尚們不虔誠，也不是因為和尚不勤快，更不是因為和尚們不懂尊敬施主，全是因為和尚們不能和睦相處啊！」

少了「與人和睦相處」的處世原則，想要事事順利肯定很難。

就像故事中的三名和尚，雖然他們總算有了很好的結果，但是最終他們還是爲了搶功，忘了同一屋簷下和睦相處的重要性，所以從急盛而致急衰，好不容易得到了成功，也因爲三個人互不相讓，又意外地失去了，迅速地跌入谷底。

從成功到失敗，三個和尚也終於領悟出「和睦相處」的重要。他們的經歷給予人們一個訓示：「何苦與人計較？若不是三個人各司其職，合力分工完成寺廟的重建，怎麼可能這麼快就香火鼎盛啊！」

我們都知道，在人際溝通的錦囊中，「與人和睦」是最重要的一課。因爲，這不僅是人類社會中最基本的互動，更是讓人們懂得「互助合作」的重要性引導。

希望能事事順利的人，與其祈求佛祖顯靈，不如要求自己與人和睦相處。畢竟要面對這一切的人是我們，即使真有佛祖，祂也只會告訴你：「天助自助者！」

謙謙君子最懂得掌握自己的未來

在待人接物時，如果我們連最基本的禮貌都無法表現得宜的話，那在其他的事務中，我們又怎麼能期望自己會有好的表現呢？

我們從小就不斷地學習「請、謝謝、對不起」但是不管我們被耳提面命了多少年，至今還是有許多人不懂得使用，甚至根本不想使用。

試想，一聲謝謝難嗎？一個小小的禮讓動作辛苦嗎？

懂得感激，我們自然懂得謙卑，能夠謙卑，我們才能在低頭之後，抬頭看見人們回報給你的廣闊天空。

前方風沙滾滾，似乎有人正騎著馬匹奔跑過來。

「請問一下，農莊的方向該怎麼走？」

馬背上正坐著一個迷失方向的年輕人，只見他居高臨下地俯視著老農夫，雖然問話時還算謙恭，但是這對十分注重禮儀的老農夫來說可是大忌！

老農夫側著頭，滿臉不悅地說：「對不起，我沒時間跟你閒聊，因為我家的馬兒剛剛才生下了一隻小牛，我這會兒正趕著去找大夫呢！」

年輕人一聽，吃驚地問：「這怎麼可能，馬兒怎麼會生出小

牛呢？」

　　年輕人的話才說完，這個心胸狹隘的老農夫便故意地咬牙切齒地說：「我怎麼知道這個畜牲為什麼不下馬？」

　　老農夫的話一說完，年輕人似乎發現老人家正指桑罵槐地教訓他，只見他先是一愣，這才連忙下馬，再向老農夫恭恭敬敬地請教方向。

　　「待人和善」與「恭謙有禮」向來是品德教育的第一課，故事中尖酸刻薄的老農夫在日常生活中也到處都是，萬萬不能輕忽。

　　從小我們便被教導對長輩要有禮貌，對晚輩要懂得友愛疼惜，一步步地從身邊的人際交往開始，然後漸漸地發展到身邊的鄰居朋友。

　　怎樣與人相處，又怎麼才能贏得別人相同的疼愛與尊重，一切是從我們自己開始，最重要的是，每一步都忽略不得。

　　敬老惜幼、謙恭自持也是表現一個人的家庭教養與個人修養最好的方式。就像故事中的年輕人一般，一個容易忽略基本禮貌的人，待人處世大都不會太細心，所以，像是迷失方向或是糊塗犯錯的情況，也很容易發生在這類人的身上。

　　其實，待人接物時，如果我們連最基本的禮貌都無法表現得宜的話，那在其他的事務中，我們又怎麼能期望自己會有好的表現呢？

　　這並不是說生活有多麼嚴肅，而是這些小動作確實一點也輕忽不得。特別是人際交流時的應對進退，如果連這麼小的起身握手、微笑鞠躬或是尊重禮讓都做不到，很多大事我們恐怕也很難完成。

3.

留心逢迎諂媚的小人

忠言永遠逆耳，
對你有所貪圖的人，
他們當然會多講一些
你想聽或是你喜歡聽的話來迎合你。

留心逢迎諂媚的小人

忠言永遠逆耳，對你有所貪圖的人，他們當
然會多講一些你想聽或是你喜歡聽的話來迎
合你。

當某個人給你的讚美之詞越來越多時，你就要越小心這個人。

因為，當一個人有所企圖時，他們通常都會讓對方先嚐盡甜
頭，然後在他們正忘情地享受這些奉承的甜美滋味時，再冷不防
地塞給他們無盡的苦頭。

孫華是個非常糊塗的人，當年他有兩個酒肉朋友阿寶、阿洛，
惡意誣陷他的弟弟孫榮，孫華最後相信他們的話，將自己的親弟
弟趕出家門。

雖然，孫華的妻子和老父親曾費盡口舌地勸他，但是在酒肉
朋友的慫恿下，孫華再也不相信自己的弟弟是無辜的。

不管妻子怎麼分析，甚至是指證出這一切都是他的酒肉朋友
故意誣陷，孫華始終只相信他的朋友。

面對丈夫的愚昧，孫妻想：「用勸的不行，我想，除非他能
親身經歷這兩個人的惡行，否則他永遠都會被這兩個人蠱惑。」

這天，孫妻悄悄地殺了一隻黃狗，然後趁著黑夜將穿了人衣
服的黃狗屍體放在門口。然後，她便守在門口，靜靜地等待每天

都喝得酩酊大醉的丈夫。

「到了，明天再續啊！」孫華在屋外對友人們叮嚀著。

兩個酒肉朋友也大聲地回應著：「好，老地方，不醉不歸！」

高高興興道別之後，孫華迷迷糊糊中來到了家門口，誰知前腳才跨了進門，後腳卻被一個東西給絆倒了。

跌坐在地上的孫華，在黑暗中瞇著眼看：「這什麼東西啊？」

接著，他伸手摸了摸「屍體」，忽然之間他跳了起來，因為他摸到了一個濕濕熱熱的東西。酒意有些醒了，孫華對於門口的東西也看得更清楚了些：「怎麼有個血淋淋的屍體在這兒啊？」

孫華大吃一驚，還差點叫喊出聲。他連忙對自己說：「孫華，人不是你殺的，你要冷靜一點。對了，阿寶和阿洛剛走，他們曾經答應我，只要我遇到麻煩，他們一定會挺身幫助我。」

於是，孫華連忙去找他的兩個朋友幫忙處理，沒想到當這兩位「好朋友」一聽到「屍體」兩個字時，竟異口同聲地說：「這事與我們無關，人命關天，可惹不得！你自個兒想辦法吧！」

最後，他們全都把門一關，讓他們口中的好哥們兒獨自一個人去面對。

回到家中之後，孫華向妻子坦承此事，孫妻立即勸他去找弟弟幫忙。

雖然孫華自知有愧於孫榮，但是膽小怕死的他，還是在妻子的陪同下，一塊兒去找弟弟想辦法。沒想到，孫榮竟然一口答應：「別擔心，我會幫你的，哥哥！」

孫華聽見弟弟這麼說，竟忍不住流下了眼淚。他有些激動地說：「是我不好，我現在才知道，原來誰對我才是真心的！」

兄弟兩一同把「屍體」埋了之後，孫榮也重返家園。後來，阿洛和阿寶再來找孫華時，孫華全部一口回絕，不再理會。

從孫華的故事中，我們看見了人性的黑暗狡詐。

忠言永遠逆耳，對你有所貪圖的人當然很明白這一點，所以，他們當然會多講一些你想聽或是你喜歡聽的話來迎合你。

如果我們的警覺性和孫華一樣，甚至耳根比他更軟，那麼我們恐怕會被這些別有居心的人一再玩弄於股掌中，並慢慢地迷失了方向。

走出社會，所有的人際交流幾乎都有利益上的糾葛，想擁有真心對待的朋友似乎並不容易，所以許多人都想問：「哪裡才找得到我們的真心朋友？」

其實，在每個人身邊一直都有真心對你的人。即使愚笨如孫華，至少還有至親的真心相待，這些人從不會計較我們的成功或失敗，也不會在意你的財富多寡。面對你，他們只想與你分享生命中所有的喜怒哀樂，也不管你有多大的變化，他們也只希望你明白：「我們對於你確實充滿了愛與關懷。」

有人說，勇於批評我們的人才是真心朋友，或者我們可以試著想想，在我們的身邊是否有這樣的人呢？

在你人生低潮時，身邊有沒有不斷地鼓勵你的人？當你擁有小成就時，有沒有繼續守護在你身邊，並提醒你要小心前進的人？

如果有，那麼我恭禧你，並提醒你好好珍惜！

建立人際關係其實很容易

一個簡單的微笑,一個輕鬆的親切招呼,便
能讓我們的生活充滿陽光般的暖意與希望。

人際溝通從來都不難,無論技巧有多少,最終都歸結於「自在舒服」。

和善的態度與不求回饋的付出,正是讓人與人之間快意交流的重要關鍵,這也是減少爭鬥與傷害的良方。

只要懂得和睦相處的重要,我們便會明白,放棄斤斤計較、停止爭執對立才是享受生活的最好方法。

這一個星期,阿陶每天晨跑時都會和一位笑容滿面的婦人相遇。

第一次遇見她時,阿陶便遠遠地感受到她渾身散發出來的喜悅氣氛,特別是他們迎面接近時,婦人的笑容便更加燦爛了。彼此互道一聲「早安」,似乎兩個人的一天在此刻才算正式開始,而且是相當美好的開端。

擦身過後,阿陶總是努力地想著:「這個太太的笑容看起來好親切啊!會不會是她認識我,而我卻忘記她是誰了呢?要不然,她怎麼會對一個陌生人投以如此溫暖開朗的笑容呢?」

　　這幾天，阿陶每天一回到家便開始翻閱照片，努力地想從舊照片中找出這個太太的身影，尋出一些記憶。

　　「她到底是誰呢？」

　　相簿裡沒有這個身影，腦海裡更是找不到可以連結的記憶。阿陶只好繼續帶著疑惑迎接這個天天送他微笑與早安的臉龐。

　　「我們若不相識，她怎麼可能會和我如此熱情招呼？莫非是老朋友？唉！她記得我，我卻記不起她！」

　　阿陶努力地尋找記憶近兩個星期後，不得不硬著頭皮向婦人要答案。

　　「請問，我們認識嗎？」

　　只見婦人搖了搖頭，笑著說：「不認識！」

　　阿陶一聽，吃驚地問：「不認識？那我想問，妳怎麼每天都和我打招呼呢？我還以為妳認識我呢！」

　　婦人笑著說：「這樣嗎？那是因為兩個星期前，我第一次出來晨跑時，只見一路行色匆匆的人們，直到見你……」

　　「遇見我？」阿陶吃驚地打斷了婦人的話。

　　「就是遇見你囉！當我們迎面走過時，你不僅向我點了點頭，還親切地對我微笑啊！」婦人笑著說。

　　「有嗎？我怎麼不記得了？」阿陶喃喃地說。

　　婦人發現阿陶滿臉困惑，立即笑著說：「你不記得沒關係，因為我記得就好！正因為你的微笑，讓我決定天天出來晨跑！而且我還發現，當我主動先向人們點頭、微笑和問好時，大家都會給我熱情的回應呢！」

　　「原來如此！」阿陶終於弄清楚了。

　　如今他也和婦人一般天天晨跑，天天掛滿笑容，也天天在途中與人互道早安，雖然他們誰也不知道對方的名字。

　　建立人際關係原本就很容易。動作不必大，思緒更無須太過複雜。一個簡單的微笑，一個輕鬆的親切招呼，便能讓我們的生活充滿陽光般的暖意與希望。

　　所以，能讓這些親切的動作成為慣性，我們便能擁有意想不到的生活樂趣與幸福感。就像故事中所要表達的：「一個不經意的點頭招呼與微笑，可以讓人與人之間的關係變得如此親近。看似簡單的動作，原來富含這樣細緻柔軟的質感，能緊緊地串起人與人之間的情感。」

　　如果一句簡單的問候換得一整天的好心情，你是否願意在踏出門的那一刻，大聲地送給人們一句「早安」？

　　如果一個微笑可以驅逐昨天的傷心情緒，你是否願意送上溫暖的微笑呢？

騙得了別人但騙不了自己

當一個人的名聲是從狡詐而得來，那麼即使
人們欣羨他的事業版圖，也始終對於他的人
格有所保留。

看似成功的騙術，最後只會有一個結果，那絕對不是成功的
光彩，而是一個令人無法面對的困窘慘境。

無論人們運用了什麼樣的騙術獲得成功，勝利的光環永遠都
會蒙上了一層陰影，不管怎麼樣都無法擦拭乾淨，勝利的光芒永
遠都無法燦亮奪目。

無論一個人的事業多麼成功，或財富多麼豐富，一旦是靠不
正常手段強取豪奪而得，那麼在他的心中永久都會留有一道陰影，
久久無法釋懷。

梅里特兄弟從德國移居美國後，在密西西比成立了一間鐵礦
公司。

由於這一區的礦產十分豐富，石油大王洛克菲勒對該區早已
垂涎許久，但是他卻晚了梅里特兄弟一步，只得靜待時機。

一八七三年，美國陷入了經濟危機之中，各家公司的財務紛
紛出現狀況，其中也包括梅里特兄弟經營的鐵礦公司。

公司財務一旦吃緊，即使礦產豐富也無力開採。就在這個時

候，有位名叫勞埃德的牧師出現在他們的辦公室中，並帶來了一個好消息：「聽說你們需要幫忙，我很樂意以極低的利息讓你們借貸四十二萬元。」

「真的嗎？真是太感謝您了！」

梅里特兄弟沒想到有人願意伸出援手，這也讓辛苦移民到美國的兩兄弟感動不已，更讓他們確定了移居美國是正確的。

但是，兄弟倆的滿心歡喜與感動卻持續不到半年。

半年後，勞埃德牧師再次出現在梅里特家，一踏進門便嚴肅地說：「關於那筆錢，是我向朋友洛克菲勒借的，今天早上他發了一個電報給我，要求立即索回四十二萬元的借款。」

梅里特兄弟一聽，著急地說：「可是，這四十二萬元，我們早就投資到礦產事務上了，一時間根本拿不出這麼多錢，再緩一陣子吧！拜託！」

但是，勞埃德牧師堅持要兩兄弟立即還錢，最後他們只得法庭上見了。

在法庭上，原告律師說：「借據上寫得非常清楚，這是依據『考爾貸款』條例所簽的合約。所謂的『考爾貸款』是指貸款人可以隨時索回貸款，所以利息低於一般貸款。又根據美國法律，借款人可以立即還款，或是宣佈破產，二選一。」

很明顯的，這是一個陷阱，再加上剛從德國移民來的梅里特兄弟在語言上的困難，他們不僅當初沒有看清楚條約，如今也無法為自己爭取權利，他們現在沒有餘力自保，這才覺醒：「原來我們被騙了。」

最後，梅里特兄弟只好宣佈破產，並將事業以五十二萬元賣給了洛克菲勒。

　　雖說商場上爾虞我詐已成常態，然而真正的成功者卻從不認同這樣的手段。一如投資家經常對股市投資者說的：「選擇投資的目標時，你第一個要做的功課就是好好地認識你投資對象中的大掌櫃們是否『腳踏實地』！」

　　換個角度說，像洛克菲勒一樣的巧取與陷害並不足取，因為「不擇手段」恐怕已成為他的人生污點。特別是當一個人的名聲是從狡詐而得來，那麼即使人們欣羨他的事業版圖，也始終對於他的人格有所保留。

　　當梅里特兄弟醒悟的那一刻，他們的遭遇真正要警示的對象並非單純與容易受騙的人，而是那些處心機慮想巧取豪奪的人。如果有機會，他們兄弟倆必定想告訴洛克菲勒：「雖然你搶得了我們的公司，但是你也輸了自己的聲譽！」

　　人生確實有許多要追求的事物，但是無論我們怎麼追求，也不能以犧牲他人的方式來取得成功。因為我們即使得到了這一切，最終也要面對自己的良心，一旦心中有愧，無論事業與財富多麼成功，我們始終也無法由衷的快樂啊！

少一點批評，多一點反省

不要讓批評流於一味的譏諷與謾罵，多一點
關懷式的建言，才能讓人與人之間有良性的
溝通和交流，以和諧的步調攜手共進。

批評人容易，在口舌上爭輸贏也很簡單。但是，當這些動作
都表現出來之後，我們到底是擁有了更多，還是會失去更多？

與人相處別再逞一時口快，因為那並非性情直率的表現，而
是受制於情緒，反射出來的言行舉動。

再者，這些情緒化的表現，也正是我們評斷一個人處事成熟
度的重要標準。

據說，林肯年輕的時候非常喜歡評論是非，不僅經常寫詩來
諷刺別人，甚至還將批評別人的信故意遺落在鄉間路上，等著人
們撿拾，再交給信中的批評對象。

這樣好批評的個性一直緊跟著林肯，雖然他後來進入了嚴謹
的律師工作環境，但這個毛病卻一直無法糾正。

一八四二年的某一天，林肯在報上寫了一封匿名信，諷刺當
時一位自視甚高的政客詹姆士‧席爾斯。

被點名嘲諷的詹姆士‧席爾斯對此相當憤怒，透過關係查出
了寫信的人名叫「林肯」，於是他立即前往林肯住處，並下戰帖

要與他決鬥。

林肯沒有想到惱羞成怒的席爾斯會向他下戰帖，這個結果令他十分苦惱：「唉，為什麼要決鬥呢？但是不和他決鬥的話，他一定又有話說了。」

雖然林肯滿心不願意，但迫於情勢也只好接受挑戰了。他向一位畢業於西點軍校的朋友學習劍術，然後選擇騎兵的腰刀作為武器。

只是，原本鼓足勇氣要迎戰的林肯，最後卻在朋友的力勸下休兵了：「退讓一步吧！兩個人為了一封信而大打出手，若是結果有了死傷，划得來嗎？」

林肯在最後一刻冷靜下來，他學會了與人相處的藝術，也更加明白出於自己嘴裡每一句話的重要性：「我不能再寫信罵人了，不能再任意嘲諷或指責別人了！試想有誰的自尊心願意被傷害？傷害別人的自尊心真是件惡劣的行為！」

因此，南北戰爭爆發時，面對他提拔的將士們在戰場上節節敗退，林肯始終不發一言。

當全國人民都在大罵那些將領之時，林肯始終只有一句話：「不要議論別人，別人才不會議論你！」

當林肯太太和其他人批評南方人士時，林肯也不願參與論斷，只淡淡地告訴他們：「不要批評他們，因為換做是我，在相同的情況下我也會和他們一樣。」

退一步想，換個角度將心比心，每個人在選擇自己的人生時總有一些理由和想法。即使只是簡單的問題，我們也只想用最適合自己的方式去面對，正因為方式因人而異，所以不可能獲得每

一個人的認同與支持。

　　因此，無論我們對彼此的行為再怎麼不認同，也不必冷嘲熱諷猛批對方，或是議論他人的是非對錯。

　　畢竟那是他選擇的人生方式，只要他過得自在快樂，沒有影響或干擾到任何人，那麼無論我們多麼不以為然，都一定要懂得「尊重對方」。

　　一旦人們的自尊心受到傷害時，許多人解決的方法都相當極端，不是完全放棄自己，自暴自棄，就是像故事中的席爾斯一般拼了命地報復。

　　所幸，林肯在面對決鬥的最後關頭及時罷手，才未釀成更大的傷害。

　　與人相處要懂得將心比心。沒有人期待被否定，也沒有人應該被否定，不要讓批評流於一味的譏諷與謾罵，多一點關懷式的建言，才能讓人與人之間有良性的溝通和交流，以和諧的步調攜手共進。

性急躁進不如聰明退守

想要成功無須急躁，才能更不必急著展現。
別擔心時間不夠，因為選錯了表現的時機，
反而容易錯失更多機運。

　　與其硬著頭皮前進，不如冷靜後退。我們不必為一時的失敗
感到煩惱，也不必對尚未達成的目標太過焦急，人生雖然不長，
但是只要我們認真生活，時間終究會慢慢地跟著我們前進，直到
心願完成為止。

　　生活的腳步不必太急躁，只要目標明確，即使是暫停行進，
時間也會為我們停格，直到我們再度抬起前進的步伐。

　　劉備在小沛城被呂布打敗後，走投無路之餘前去投靠曹操。
雖然曹操見劉備來歸心中大喜，但是多疑的他對劉備始終不放心，
所以並沒有分配封地給劉備，而是把他留在身邊以利監控。

　　野心勃勃的劉備當然不甘受制於曹操之下，只是聰明的他明
白時不我予的現實局面，為了避免曹操發現他的野心，對他不利，
劉備便在屋後經營了一個菜園，每天親自灌溉、耕種。

　　有一天，曹操宴請劉備，不過這頓飯局兩個人皆有盤算，看
似平常相聚餐，實則兩個人皆有防備，各懷鬼胎。

　　當兩個人酒至半酣時，天氣忽然變化，只見烏雲漫天，陰霾

遍佈。

「看來快下雨了。」曹操說。

劉備抬起頭觀察，接著只點了點頭表示肯定。

忽然，天空閃現一道雷電，曹操見狀便說：「天外藏龍，龍能大能小，能升能隱，誠如世人一般，發達便能飛升九天，登時而成一世英雄，你認為當今世上哪些人能稱為英雄呢？」

劉備說：「袁術、袁紹和劉表等人吧！」

「是嗎？英雄不是應該胸懷天地、志向四方，腹隱良謀、智識廣博，你說的這幾個人有嗎？」曹操反問。

劉備一聽，連忙問：「當今世上有這樣的英雄嗎？」

只見曹操冷笑了一聲說：「有！」

旋即他指了劉備，然後又指了指自己：「正是使君與我！」

劉備聽見曹操直指自己是英雄，心中一驚，連手中的勺子都拿不穩，「噹」一聲不慎掉落地面。

在此同時，正巧雷電大作，伴著驟雨聲，確實令人心驚膽顫。

這時，曹操問劉備的勺子怎麼掉落地面，劉備立即說：「聖人曾經說『迅雷風烈必變』，勺子掉落，是被雷聲所震懾之故。」

曹操一聽，哈哈大笑說：「雷電只是天地陰陽搏擊之聲，你怕什麼？」

只見劉備滿臉膽怯地說：「我從小就害怕驚雷聲，只要一聽見閃雷聲響，我都要害怕得四處躲藏。」

曹操聽完後，滿臉不屑地冷笑了一聲，從此曹操再也不畏懼劉備和自己競奪天下，甚至再也不把他視為敵手。

事後，劉備對關羽和張飛說：「在後園種菜，是故意要讓曹操以為我是無用的庸碌之徒，至於失手掉勺一事，是因為我聽出了曹操說我也是英雄的弦外之音。所以，雷電助我一臂之力，讓

我找到懼怕驚雷的藉口,這讓曹操從此視我如小兒,不再將我放在心上。」

聰明的人從來都知道進退的時機,所以劉備與曹操過招時的訣竅正是:「想要成功無須急躁,才能更不必急著展現。別擔心時間不夠,因為選錯了表現的時機,反而容易錯失更多機運。」

冷靜沉著是讓劉備能在三國中佔一席之地的關鍵。曹操性格急躁多疑,自以為小心謹慎,事實上卻是漏洞百出。曹操急於探測出對手的企圖時便出現了盲點,忽略了劉備的冷靜計謀,反而被欺騙。

回到生活中,你是否也曾經犯了這個毛病,為了自己的躁進與焦急,必須一再地修補許多可以避免的錯誤呢?

生活的步伐不必太急,人生的路不妨走慢一點。只要我們心中存有希望的陽光,那麼再多的烏雲也遮掩不了希望的光芒。

人心險惡,不能不防!適時偽裝害怕閃電雷聲,不代表你真的膽小如鼠,能面對暴雨不代表你絕對智勇雙全。因為,「智」永遠在「勇」之前,聰明人會知道,在天時地利人和的時機未到前,冷靜、耐性是支撐他們成功的兩大支柱。

別短視近利不顧後患

把眼光放遠，別再貪圖眼前的蠅頭小利，步伐踏實穩紮穩打，我們自能掌握現在和未來。

目光短淺的人看得見眼前利益，卻看不見身後危機。

他們往往會盲目地爭奪一時的成功，一直到跌倒後才吶喊痛悔：「我錯了！」

成功不難，就怕許多人根本不知道方法。不是莽撞前進便能達陣，也不是一味地巧取豪奪就能成功擁有。

生活中的一切都是有收有放，也有捨才有得，要有退讓才能獲得前進的緩衝空間。因此，漁翁靜候一旁不是怠惰，他只是比鷸與蚌更懂得等待時機的智慧。

在一條街上，同時出現了三家實力相當的綢布莊。它們三足鼎立之勢有時候連消費者都會感到莫名的壓力。

雖然現在是布匹消費的淡季，但是這三間布莊的競爭卻未曾稍歇。只見王家綢布莊首先掛出了「清倉大拍賣」的招牌。

從那天開始，王家布莊每天幾乎門庭若市，熱鬧非常。

這個情況看在對門的李家布莊老闆眼裡當然刺眼，於是他們立即商討對策，不久李家莊也貼出了一個招牌，上面寫著：「虧

本清倉大拍賣。」

這一招「虧本清倉」的伎倆果然奏效，眼看著兩間同行打破行情招攬客人，距離稍遠的周家布莊也不得不降價酬賓。

就這樣，三間店家為了吸引客人進門，紛紛削價競爭，而且戰況越演越烈。

不久，王家再度降價，而對門的李家布莊當然立即跟進。唯獨周家布莊在幾經考量後決定：「我們不跟進了。」

接下來便只膡下王、李兩家布莊仍然持續競爭，只是他們競相壓價的結果竟然無法定出輸贏。這時，一直冷眼旁觀的周老闆卻心生一計，他貼出公告：「本店賠太多錢，布莊已經支持不下去了，從今天起周布莊將歇業一段時間。」

周家布莊關門了，如今這條街上也正式成為王、李兩家的競技場。

為了一決雌雄，他們不計成本不斷地折價，一減再減，一降再降，當然也引得消費者瘋狂地抱著一匹匹布料走出兩家布莊的大門。

「生意真好啊！」兩家老闆各自開心地想著。

但是，瘋狂搶購的結果卻讓店裡的布匹很快地所剩無幾，由於每一匹布料都是賠錢在賣，如今連本錢賠了進去，當然不可能再有餘錢去購買新的布料。

這會兒兩家布店老闆才發現這樣不妥，只是他們發現走錯路的時間太晚了。而且更令他們料想不到的是，那些天天來搶購布匹的客人，居然全是周家店派來的人，他們不僅掏空了兩家店的商品，更輕輕鬆鬆地以低廉的價錢購入上等布匹。

最後，王家倒閉，李家則成了周家布莊的分號，至於漁翁得利的周老闆，則成為當地的傳奇人物。

　「這樣好像不對！」當王李兩位老闆驚呼這句話時，有多少人也驚覺，自己似乎也曾經說這樣的話？

　故事中的案例在現實生活中，可說是屢見不鮮。從葡式蛋塔到芒果冰店，一間間在追隨流行風潮中開業，最後也在漫無目標的競逐中歇業關門。

　這無關能力與聰明才智，因為這一類人並不愚笨，很多人更是聰明過頭。正因為如此，他們只知道將目光集中在「利」字身上，以致於缺乏遠見，還誤導自己走向失敗的陷阱。失敗的原因正與故事的結論相同：「短視近利。」

　外表光鮮不代表內裡實在，經營自己的未來更是如此。表面的風光往往欺人也自欺，因此故事中隱約告誡我們：「惡性競爭的結果都會是鷸蚌相爭漁翁得利，經營者不可不慎！」

　不想再悔不當初，那麼我們就要做個真真正正的聰明人。把眼光放遠，別再貪圖眼前的蠅頭小利，步伐踏實穩紮穩打，我們自能掌握現在和未來。

不該向現實與利誘低頭

人們面臨現實還是習慣了退縮、逃避。遇到誘惑時，還是會受困其中，反覆嚐著錯誤的苦果。

萬物的生存法則很簡單，當誘惑出現，我們便冷靜面對；處境艱困，努力克服便是。因為，所有的艱難和慾望轉眼便過。

生活的道理處處皆同，因為每一則生命的智慧都可以融會貫通，即使是來自不同生命的體悟，我們也都能從中獲得啟發。

晉初，賈充官拜尚書。當時侍中任愷對他結黨營私的情況十分反感，而且不滿的表現十分直接，每每令賈充大為不悅。

一想到朝中有個反對他的人，坐在大位上的賈充實在坐立難安，因此他想盡辦法要將任愷從皇帝身邊趕走。

不過，皇帝對任愷卻十分信任敬重，即使說他壞話皇帝也必定不會相信。

「我要怎麼把那個老傢伙調離皇帝的身邊呢？」對此賈充苦思了好幾天。

不久，終於讓他找到了一個兩全其美的辦法：「皇上，以任愷的才學，絕對足以擔任太子的教師。」

「是啊！」皇上笑著表示贊同。

　　賈充之所以強力推薦，實因朝廷規定，太子的老師不能過問朝政，只能留在東宮陪伴太子讀書。此外，賈充還另有盤算，因為太子司馬衷天生愚鈍，即使請來孔老夫子恐怕也無力增進他的智慧，所以這份工作對任愷來說肯定吃力不討好，結果也必定徒勞無功。

　　如此一來，不僅讓任愷離開了皇帝身邊，還可以害他因為教育太子失職，慢慢地失去皇帝的信任。

　　所以，賈充積極地向皇帝推薦任愷為太傅，最終果然讓司馬炎接受了這個建議。只是他雖然任命任愷為太子少傅，卻仍然保持他侍中的職位。當然，這讓以為算盤撥對了的賈充懊惱不已。

　　聰明的任愷當然知道賈充的心機，於是他也如法炮製，回敬了賈充一道。

　　當時，西北民族頻頻襲擾邊境，十分著急的司馬炎為了派誰前去防守而傷神不已，這時任愷便藉機推薦道：「這是一件重責大任，應該派一個有威望、有智謀的人前去鎮撫。」

　　司馬炎問：「誰可擔當這個任務呢？」

　　任愷立刻力薦賈充。

　　司馬炎一聽，立即點頭：「是啊！賈充的確適任。」

　　於是，他立即命令賈充前往邊境鎮撫，可是這也讓賈充的狐朋狗黨慌張不已。因為賈充一走，他們失去後台，朝中的地位恐怕也不保了。賈充當然知道這一離開地位不保，只是皇帝的命令已經下達，即使百般不願意，仍得赴任。

　　於是，賈充一班人在餞別宴會上商量，最後讓他們想出了一個對策。

　　賈充向皇帝遊說聯姻，讓他那個又黑又醜的女兒嫁給又傻又呆的太子，沒想到皇帝毫不考慮地答應了。

這一次，任愷的目的也沒有達到，卻反倒為自己種下了孤立的局勢。賈充靠著姻親關係，與任愷幾經較量，最終任愷還是被賈充排擠出宮。

中國官場無論歷史怎麼記載，各朝各代總會留下好幾筆群臣內鬥的故事。所以我們看見了賈充與任愷之爭，也看見了各個朝代不斷地更替興衰，歷史錯誤一再地重蹈。是什麼原因讓人們一再迷失，無法記取教訓呢？

其實，問題並不難解。我們發現，無論人們在歷朝中扮演著什麼樣的角色，不管是忠臣還是奸賊，似乎都敵不過當下的現實與利誘。

走出歷史，再想想這個問題：「是真的敵不過現實？還是不想克服？」

故事中的警世意義從來都不會消失，跟著歷史的軌跡，我們看見每件事的演變過程，也明白其中的因果。

來到今朝，面臨現實與利誘的時候，我們似乎仍然重蹈歷史人物的覆轍，腳步遲疑不定，也無法腳踏實地，坦誠地面對自己。

似乎，人們面臨現實還是習慣了退縮、逃避，遇到誘惑時，還是會受困其中，反覆嚐著錯誤的苦果。

不想歷史的錯誤再度上演，那麼你我便得用心記取教訓，時時警惕自己。面對現實，我們不能低頭，面臨利誘，我們更不能迷惑。

我們要謹記每一則故事中的寓意：「生活不該只求個人的成功，懂得顧全整體社會幸福的人，才是真正的成功者！」

失敗是成功的前導者

與其排斥困厄不如微笑迎接。因為當我們站
上成功頂峰時，腦海裡最重要的回憶往往是
旅程上最艱困的那一段。

燭芯沒有歷經熾熱的烈火燃燒，我們就無法欣賞到璀璨的火
花。相同的道理，如果我們畏懼失敗，不敢點燃引線，那麼生命
不僅會失去發光發熱的機會，人生還會因為這個遺憾而黯然度過。

阿里有一位叔父曾經在股海中浮沉，那是一個很精采的人生
體悟。

那年，叔父在一間著名的中學中任教，生活過得還算愜意。
因此，閒暇之時，他都會研究一些新的事物。

當時，股票投資市場正興起，一般民眾的經濟也開始轉好，
於是許多人為了賺取更多的財富紛紛投入股票市場，而且幾乎每
一個人都嚐到了甜頭，經過口耳相傳，「股票」很快地便擄獲人
心，而喜歡嚐鮮的叔父當然也沒有錯過。

可是，當別人都小額嘗試時，叔父卻是一股腦地投入，不久
他辭去了安穩的教職工作。他以為，憑藉著自己多年來的數學才
智，足以在股海裡自在悠遊了。

只見他帶著多年來辛苦積攢的六十萬塊錢，自信滿滿地展開

他的新生活。

　　未料，在經歷了一段驚心動魄的暴漲暴跌之後，叔父不僅沒有嚐到任何甜頭，更將多年來辛苦賺來的六十萬元全數埋葬股海。

　　「你現在高興了吧！身上半毛錢都沒了，你還能做什麼？」家人對這樣的結果非常不滿，不禁斥責他。

　　「一無所有了嗎？」叔父喃喃道。

　　是啊！在所有人的眼中，叔父的確是一無所有了！

　　但是，叔父似乎並不認為自己失敗了，因為他的眼神仍然充滿自信。

　　有一天，他向一位朋友毛遂自薦，對這個小有積蓄的朋友說：「你可以放心地把錢交給我，我可以為你操盤，賺得豐厚的財富。」

　　面對分無分文的叔父，他的朋友懷疑地問：「你自己都輸光了，憑什麼讓我能安心地把錢交給你呢？」

　　只見叔父神態自若地說：「是的，我現在不能告訴你怎樣賺錢的方法，但是，憑著我多年來的失敗經驗，我可以保證能夠準確無誤地告訴你，什麼事情是不能做的，做了什麼一定會有損失。」

　　沒想到聽完叔父這句話後，他的朋友點頭答應了。於是，在叔父的指導下，他的朋友果真避開了所有風險。

　　不久，叔父便將自己的失敗經驗與朋友的成功經驗仔細匯整之後，再度投身股市。據說在此之後，他幾乎未再失手。

　　「與其排斥困厄不如微笑迎接。因為當我們站上成功頂峰時，腦海裡最重要的回憶往往是旅程上最艱困的那一段。」這不是哪

一個偉人和眾人分享的格言，而是所有成功者共同的結論。

所以，我們不必自困於失敗的囚牢中，困境也屬於生活中的一部份，把它視為阻礙，不如將它視為伙伴。不管你想繞道而行，還是輕鬆地走過，它們始終都會陪伴在你身邊，成為我們成就未來的重要伙伴。

面對失敗其實不難，因為失敗是人生必經的過程，如果生活少了失敗的陪伴，成功目標恐怕很難達成。

所以，聰明的人總是能笑迎失敗經驗，面對困境更能釋懷，因為他們知道一個簡單的道理：「當人生走到最艱困時，當淚水流得最多時，我們所有辛苦的付出，很快地就要得到收穫了！」

4.

不知明哲保身，
就會遺憾終身

選擇明哲保身才是良策。

一旦參與了過多的口舌之爭，

我們很快地也會成為一個搬弄是非之人，

並深陷是非的囚牢中。

凡事都要有進可攻退可守的遠見

讓自己的眼光再看遠一些,為自己築出一個進可攻退可守的生存環境,以確保自己免於被困厄擊倒,也不會因為一時的失敗而放棄。

有進必有退,懂得後退自然會有前進的空間,這是舞蹈時簡單的移動模式,更是人生中經常出現的美妙舞步。

人生的歷程要像設計舞步一樣,無論前進還是後退,無論左傾還是右倒,事先都可以把步伐預先想好,樂曲終了時,我們只需再墊個腳尖轉個圈,便能在舞曲結束時有個漂亮 ending。

近來,國際原油的價格不斷地上漲,國內的油價當然也跟著調漲。半年內,一連漲了六七次之多,漲幅高達百分之五十左右,這一波又一波的石油調漲對許多行業都造成了不少的影響,其中影響最大的正是計乘車業者。

在加油站前,有兩個司機正在討論這件事:

阿福說:「這油價怎麼漲個沒完啊!每天只賺那麼一點錢,如今全都給了石油公司,看來,再過不了多久我要準備去喝西北風了。」

阿朗說:「是啊!油價真的漲了不少,不過,還好我當初早有準備。」

阿福一聽，連忙問：「你投資什麼？能不能讓我加入？」

只見阿朗大搖其頭，回答說：「當我發現石油一定會上漲時，便開始注意相關產業的發展，所以大賺了一筆。不過，你現在想投入，在時機上可能有點晚了，還是過陣子再說了。」

「你是不是朋友啊？這麼小器！」阿福不滿地說。

阿朗連忙解釋道：「不是這樣！你知道現在市場走向如何嗎？你對自己要投資的股票又知道多少呢？如果你想投入的話，還是先做功課吧！等你充分了解後，再來和我討論也不遲。」

比較這兩個司機的謀生能力，我們很輕易便能分辨出其中的高下。一個是單純的石油消費者，更背負著必須的成本重擔，然而阿朗卻與阿福不同，因為他讓石油完全成為他的「生財工具」。

石油不僅是阿朗必備的生財工具，更是他財富增值的重要來源。對他來說，石油上漲不會是計算營運成本時的壓力，因為無論漲跌他都沒有損失，在他靈活理財後，「漲價」是他投資獲利的最佳時機，「跌價」時他便努力開車多掙一點積蓄。面對油價的漲跌，其他人天天擔心煩惱，唯獨他擁抱雙贏。

聰明的生意人從不擔心過程中難以預料的變化，因為他們會讓自己的眼光再看遠一些，為自己築出一個進可攻退可守的生存環境，以確保自己免於被困厄擊倒，也不會因為一時的失敗而放棄。

建立了遠見，我們更要記得這個故事的叮嚀：「*無論你想追求什麼，最重要的不是別人怎麼成功，而是你知不知道自己該怎麼走。*」

就像投資股票一樣，不要以為別人忽然財源廣進，因為真正

的投資者在豐收前的付出一定超乎你想像，所有財富與投資經驗的累積也絕對不是三二天的事。

　　因此，茫茫於未來的人，請先停止大聲抱怨，請以自己為中心，仔細地環顧四方。只要你頭腦清晰，知道趨勢方向，相信很快地你便會發現許多希望，許多讓你能攻也能守的寬廣空間。

不知明哲保身，就會遺憾終身

選擇明哲保身才是良策。一旦參與了過多的
口舌之爭，我們很快地也會成為一個搬弄是
非之人，並深陷是非的囚牢中。

對一般人來說，退一步不是為了更進一步。很多時候是因為
我們走得太急了，猛地驚覺自己正臨危崖邊，所以急退一步以求
自保。

不想經常身陷險境，希望每一次都能及早轉彎以自保，那麼
我們便要知道急功近利的危險。如果，我們想看見圓滿幸福的未
來，那麼就要懂得明哲保身。

常言道：「盛名之下難以久安。」

因此，當范蠡協助越王勾踐成功復國後不久，便向越王表示
退隱之意。儘管他當時已官封將軍，然而坐在高位上，范蠡手握
權力不像其他朝臣那般得意，心中反而多了些壓力，甚至扛著許
多擔心。

原來，范蠡早已發現越王不是個能共享安樂的君主，因為當
群臣開心地設宴歡慶時，唯獨勾踐的臉龐上不見開心神色。

冷靜旁觀後，范蠡心底也有了結論：「為了爭回國土，越王
不惜群臣生命，以死拼搏。如今心願已償，大王看來是不想將成

就歸功臣子。」

　　范蠡將陪伴君側遭遇之事一一歸納後，對於越王勾踐的個人特質也越來越明白了，最後也有了新的決定：「大王，臣服侍您已二十餘年了，如今總算功成事遂，心願已了，懇請大王您允許老臣告老還鄉，輕輕鬆鬆地安享晚年吧！」

　　一聽見足智多謀的范蠡想離開自己的身邊，多疑的勾踐自然擔心多於欣喜，只聽他緩緩地問：「先生為何不留在我身邊呢？我很願意與您分國共治，如果我不能遵守諾言，就讓我身敗名裂，妻兒戰死。」

　　「分國共治？」頭腦清醒的范蠡當然知道這是個餌，對於世態炎涼，他早已分辨清楚，雖然勾踐拍胸保證，但是他更清楚勾踐心底別有所圖，對此他不奢望也不敢多想，因為，當務之急是做個急流勇退的智者。

　　於是，范蠡回應他一個雙關語：「君行其法，我行其意。」

　　看準越王的擔心與遲疑，范蠡匆匆地帶著家人們不辭而別。扁舟上，家人大惑不解地質問他為何這麼匆忙，范蠡隨即沒有多作解釋，因為他清楚知道：「越早離開這個是非之地越好。」

　　政治上的君臣關係就像職場中的從屬關係，其中的現實面我們都很難避開。既然躲不開，我們只得勇敢面對，一如范蠡不戀棧權位。

　　什麼樣的主管可以緊跟腳步？什麼樣的上司值得我們掏心掏肺呢？

　　范蠡在故事中給了我們一個評鑑的標準：「不能患難與共，又只想功勞獨佔的人，絕對不值得你為他犧牲。一個老是想試探

你忠誠度的君主，對於你的懷疑也必定永不停歇。因此，無論朋友交誼還是主僕關係，遇上這一類人我們寧可孤單獨行，也不要為爭一時而遺憾終身。」

我們經常會遇到是非之人，也難免會走過是非之地，對於無窮的紛擾，聰明的人從不加入，選擇明哲保身才是良策。一旦參與了過多的口舌之爭，我們很快地也會成為一個搬弄是非之人，並深陷是非的囚牢中。

引申至生活中的小事，你是否還記得昨天話人八卦與道人是非？

生活在這樣虛實難定的日子中，糾結在這樣虛情假意的人際關係中，有多少人感覺快樂自在，又有多少人認為如此才能看見幸福的人生？

「越早離開這個是非之地越好」，范蠡提醒自己，當然也更要我們時時警惕：「能誠心待人，才能免除危機；能遠離是非，必定能享受自在幸福。」

旁敲側擊是絕佳的溝通技巧

想解決問題時，我們可以多繞個彎，從旁觀察事情的進展，在過程中不斷修正修補其中缺失，好讓最終目標能圓滿達成。

　　微笑是與人交流最好的方法，冷靜則是與人溝通時重要的態度。因為情緒化無法解決問題，更無法建立和睦的人際關係。

　　舉例來說，當你想和朋友溝通問題時，你都是直接告訴他「你應該這麼做」的命令句，或是用「你認為該怎麼做」的疑問句來尋求認同呢？

　　換做是你，在這兩句話中，你比較喜歡哪一句？

　　與人溝通時，一旦感覺不對了，自然出現阻礙。反之，只要人們能感受到你的誠意，即使裂痕已經產生，最終也能在巧妙的溝通技巧下縫合的完美無缺。

　　由於父母在一場意外中死去，小男孩只好到唯一的親叔叔家中寄養。小男孩非常受到叔父叔母的疼愛，因為聰明伶俐的他經常扮演家中的溝通橋樑。

　　這天，他看見叔父滿臉鬱悶的表情，忍不住問道：「叔叔，您怎麼了？」

　　叔叔看著小侄子，嘆了口氣道：「唉，哥哥雖然已經走了，

但是至少還有你這點血脈傳承。可是，我到現在膝下猶虛，無一兒半女，想納個小妾以傳宗接代，無奈你嬸嬸就是不答應。」

小男孩認真地聆聽叔叔的煩惱後，對叔叔說：「叔叔，您別擔心，我會想出法子來說服嬸嬸的。」

第二天早上，小男孩找來了一把量尺，接著裝模作樣地在後院裡量起地皮來了。

這個奇怪的舉動當然也引來了嬸嬸好奇的目光。

只見嬸嬸走出屋外，對小男孩說：「你在做什麼？」

「我在量地，看看有多大！」小男孩頭也不抬地隨口回應，看起來他似乎很著急地想快些把這件事完成。

嬸嬸吃驚地問道：「量地？你量地做什麼？」

聽見嬸嬸著急的聲音，男孩這才停下手中的工作，帶著驕傲的神情對嬸嬸說：「嬸嬸，我在為自己的將來做準備啊！妳想想，妳和叔叔總有一天會老，而你們又沒有兒子，這間房屋將來肯定是我的了。所以啊！我想現在先量一量，等將來拿到手後，就可以隨心所欲地改造了。」

嬸嬸一聽，吃驚地說不出話來，她瞪大了眼看著這個小孩，心想：「這小鬼居然在覬覦我們的家產。不行，我一定要告訴相公。對了！上次他提到納妾之事，得叫他快找媒婆來才行。」

聰明的小男孩緊捉人性弱點，輕鬆引誘嬸嬸上當。畢竟對嬸嬸來說，小男孩始終是別人的孩子，因此一發現小男孩別有企圖，嬸嬸當然著急了。

深諳人性心理的小男孩，只以小小的量地動作，便讓嬸嬸心甘情願地接受叔叔納妾。只因他知道，人們一旦遇到利益的衝突，

大多都會選擇維護自己的利益。一如故事中的嬸嬸，爲了維護家產，她選擇了退讓，接受丈夫納妾。

這是一個絕妙的溝通技巧，不需要長篇大論的分析說理，只用一個小動作，便能迫使嬸嬸積極「領悟」，領悟她將來恐怕會面臨無後的危機。

因此，想與人溝通時，我們應當懂得拿捏進退，更要學會旁敲側擊的技巧。想解決問題時，我們可以多繞個彎，從旁觀察事情的進展，在過程中不斷修正修補其中缺失，好讓最終目標能圓滿達成。

與人溝通的方法其實不難。只要我們肯花點心思，懂得按捺自己的情緒，那麼無論多麼固執的對手，也一定能在我們的溝通智慧中點頭答應。

耐心靜候時機到來

「忍」是司馬懿獲取時機的關鍵，「等」是
司馬懿掌握局勢的重要利器，而「裝病示
弱」則是司馬懿穩住陣腳最好的方式

人生不怕沒有機會，就怕人們無法耐心等待。不怕時間走得
太快，就怕個性太過急躁，無法耐過一時的低潮。

如果時機尚未成熟，就別急著試探；如果實力累積得還不夠，
那麼就別急著想表現。迎向未來要多一點忍耐，想成就明天更要
多一點耐心等候，因為機會總是留給準備充足的人。

三國時期，魏國大將軍曹爽為了能總攬大權，極力排除異己。
不久，他把目標指向各方能力優於他的司馬懿。

就在曹爽與心腹正計劃如何剷除司馬懿時，司馬懿忽然命人
送了一封信給曹爽，信上寫著：「微臣舊疾復發，如今臥床難起，
恐怕無法再上朝議事了。」

曹爽一聽說司馬懿「病重」，當然大喜過望：「真是天助我
也！」

嘉平元年，曹爽決定率文武百官奉幼主曹芳至九十里外的高
平陵祭祖，不過有人提醒他：「大將軍雖然大權在握，然而同一
天出城風險還是太大了，畢竟司馬太傅仍留在城內，大將軍怎能

放心出城呢？」

「也對！」

行事小心的曹爽立即派心腹李勝去刺探司馬懿的虛實。當李勝一進司馬府，便被帶到司馬懿的病榻邊。

只見司馬懿一副老態龍鍾的模樣，整個人僵直地睡在床上，當他看見李勝進來，似乎想起身下床，然而軟弱無力的手臂卻連外衣都拿不動。

李勝見司馬懿手中的衣服掉落時，立即上前扶住，吃驚地問道：「數月未見，沒想到太傅竟病得如此嚴重！」

司馬懿氣若游絲地說道：「唉，老囉！如今日薄西山，還能有你這個朋友來探望，老朽已心滿意足了。」

李勝說道：「其實，下官近日將赴荊州任職，特來向太傅辭行。」

司馬懿似乎沒聽清楚，含糊地問道：「什麼？并州？喔，我知道，那裡很接近胡人的領域，你要多加小心啊！」

發現司馬懿似乎有些耳背，於是李勝再次大聲道：「不是并州，是荊州。」

「什麼？荊州？好，好！」司馬懿總算聽見了。

忽然他以手指口，侍婢便捧來了一盞麥粥。接著，司馬懿張嘴等待婢女餵食，然而吞嚥不便的他，卻讓粥水順著口角流了下來，一下子鬍鬚、胸襟和被褥全沾滿了麥粥糊。李勝隨後將此情此景報告了曹爽，曹爽登時放下了心中重擔，開心地陪同皇帝到高平陵祭祖去了。

只是他們怎麼也沒有料到，當李勝一走出司馬府時，司馬懿立即神采奕奕地出現在大廳，與兩個兒子積極密謀。原來，他們早已暗中與多位朝臣商議，更養兵多時，只等待時機一到，便要

以迅雷不及掩耳之勢發起政變。

最後，曹爽果然鬥不過司馬懿，從此曹魏政權轉到了司馬氏的手中。

「裝病」裝得十分漂亮的司馬懿的確才智過人。反觀愚鈍的曹爽，因為急功好利，以致於失去了辨識事實真相的能力。

相信聰明的人已經看出，「忍」是司馬懿獲取時機的關鍵，「等」是司馬懿掌握局勢的重要利器，而「裝病示弱」則是司馬懿穩住陣腳最好的方式。

拋開歷史的是非論斷，演技一流的司馬懿確實令人激賞，為了謀求自身權力與成功，他詐病的方法更是讓人佩服。

在現實生活中，實踐成功不也需要「忍」與「等」的技巧？

為了生存，我們不妨認真省思故事的意旨：「凡事不僅要能忍，更要懂得等待時機。想成功就要能安於低處，希望成功就不能有急躁的情緒。只要冷靜、理性地判斷，便能臨危不亂，掌握機會。」

每個人都能算出自己的將來

知道自己的路要怎麼走，絕對比命理師告訴你該怎麼走來得重要。相信自己可以怎麼做，也絕對比相士們恐嚇你不准做來得實在。

人生的路要怎麼走，我們早已知道。與其拿著八字準備找高人論命，不如放下手中的生辰八字，認真面對自己中的夢想希望吧！

因為，再多的鐵口直斷，最終仍然要靠我們自己證明其中真假；無論好壞，這條路我們始終都要親自走過，人生的方向盤始終掌握在你我的手中。

有一個面相專家相術十分高明，不過鐵口直斷的他卻有張不善變通的嘴。無論相面者的情況如何，他一律不加潤飾，直言說出。來算命的人經常因為他的話太過直接而和他起了爭執。

就像這天，當地有個慕名而來的鄉紳也來找他看相。只見相士看了許久之後，緩緩地說：「大人耳小頭禿，唇翹齒露，就像……」

不知道什麼原因，相士忽然停在這裡，接下來的話想必令人不舒服。然而，好奇心已經被挑起的鄉紳，卻不住地問他：「像什麼？你快說啊！別賣關子了，你放心直說無妨，只要您說中了，

必定重金答謝。」

相士問：「是嗎？直說無妨？」

「是啦！到底像什麼？」鄉紳著急地問。

「像隻猴子！」相士大聲地說。

只見鄉紳滿臉漲紅地怒道：「猴子？」

「是啊，是您要我直說的！」相士立即為自己辯護。

但是，被狠狠嘲諷的鄉紳卻怎麼也不能接受：「那又如何！你這個四處騙吃騙喝的江湖郎中！來人啊！給我綁起來，狠狠地痛打這個可惡的騙子！」

管家眼見苗頭不對，立刻對相士說：「哎呀！你這個人怎麼這麼不識相，我家老爺從來只聽奉承話，只要你立即再說幾句好聽話，不僅能免去這頓棍棒，說不定還有豐厚的賞錢可拿呢！」

相士點了點頭，接著向管家哀求說：「只得勞煩管家您為我求情了，請老爺讓我重新看一次吧！」

管家點頭，便向老爺稟告：「老爺，那個相士剛剛因為被老爺的威儀所嚇，一時緊張，以致於相錯了結果。懇請老爺大發慈悲，再給他一次機會吧！」

鄉紳一聽，只得命令道：「好吧！把他放了。」

不一會兒，相士跟著管家，再次來到鄉紳的面前看相。

但是，相士左右端詳了快半個時辰，最後竟然說：「您還是把我綁起來吧！因為老爺的面容真的很像一隻猴子啊！」

看著鄉紳聽見「實話」的窘態，想必許多人忍不住大笑吧！

許多喜歡上面相館的人不正是這樣，聽見好聽的話便會直呼「好準」，如果直指其缺點，嘴裡必定嘀嘀咕咕著：「根本是在

騙錢的！」

其實，命理世界原本充滿欺騙，那裡不只存在著騙人的把戲，更不斷地上演著自欺欺人的戲碼，不是嗎？

故事中的鄉紳聽見相士直言不諱，不僅不能接受，更沒有勇氣面對自己的短處。這就像曾經求助命理師的我們，對於命理師口中的論斷，不也淨挑心中所盼望的來聽，對於與心中願望完全相違背的建議，幾乎在走出大門時便全部忘了？

我們看著故事中固執的相士，也發現了生命的寓意：「原來再多的論命，始終都敵不過人們心中的主觀希望！」

因此，與其聽命理師怎麼說，不如靜下心，仔細聆聽我們心中的聲音。知道自己的路要怎麼走，絕對比命理師告訴你該怎麼走來得重要；相信自己可以怎麼做，也絕對比相士們恐嚇你不准做來得實在。

職場裡不可少了「尊重」

無論我們受到多少委屈，也不管我們的才智
有多高，我們待人始終都得謙謙有禮，對於
上司更要謹守本份與尊重。

在辦公室裡無論我們坐在什麼樣的位置上，無論身份距離有
多遠，假如我們希望彼此能溝通無礙，更希望職場有雙贏之局，
那麼在這個辦公室裡的每一個人都一定要學會「尊重」這兩個字。

因為，人與人之間一旦少了「尊重」，便很容易陷在個人的
情緒中，以致於經常與周遭的人發生衝突。

人與人相處的時候，一旦少了尊重態度，我們更會處處受制
於私我的慾念，以致於經常發生錯誤的判斷。

喜歡舞文弄墨的乾隆皇，每次出遊時幾乎都會在該地題字。
因此，在大江南北，處處都可以看見題有乾隆兩個字的匾額。

據說，有一次乾隆皇在金山寺遙望長江，看見白鷗點點、江水
滔滔的美景，忍不住技癢，開口說要賜該寺院一個匾額。可是在他
提起筆後，卻讓筆鋒懸在半空良久，因為這位大才子的思路被困住
了，此刻是空有情感卻無靈感，腦袋裡呈現一片空白。

只見他尷尬地環顧左右，看見大臣們一雙雙直勾勾瞪來的眼
睛，心想：「如果就此擱筆，那多難堪啊！但是，如果隨便寫一

個,一旦匾額掛了出來,必定會被天下人嘲笑,賜匾之事又是我自己開口的,唉,這可怎麼辦才好?」

突然,乾隆皇靈機一動,先是站了起來故作思索狀,接著坐回書桌前故作疾書,接著迅速地將紙張遞給近在身邊的紀曉嵐。

「紀愛卿,您覺得如何?」乾隆問道。

紀曉嵐把紙打開一看,竟然是張白紙,上面連一點墨漬痕跡都沒有,不過聰明過人的紀曉嵐立即明白皇帝的意思,因此他專注地看著白紙,故作沉吟。

忽然,他大聲地說道:「皇上,這真是妙句,好一個『江天一覽』啊!」

由於紀曉嵐的神情十分真切,那驚奇的神態當場震懾住其他人,聽見紀曉嵐力讚皇上的「江天一覽」,立即有人出聲讚揚:「的確氣勢磅礴!」

其他人聽了,也跟著同聲賀道:「皇上聖才,這四個字真是貼近此情此景,氣勢非常,真是太好了!」

乾隆一聽,只有微笑不語,因為他正驚嘆於紀曉嵐的才智與應變能力。待回神後,他才將這幾個字正式寫在白紙上。

對乾隆來說,身邊能有這麼一個不必明示便能讀懂其心,還懂得謹守本份,不掠人之美的臣子,當然讓人寵信有加。因此無論是在歷史故事中,還是傳說於民間的軼聞,紀曉嵐與乾隆皇的故事都是互敬互重、相知相惜的君臣情誼。

將故事中的角色延伸,我們會發現,像這樣的君臣關係正如辦公室裡的主管與員工關係。

相信許多人都曾經埋怨過公司裡的老闆或員工,也一定曾和

其他人一起辱罵過身邊的主管或同事，只是有多少人想過，當辦公司中的氣氛一直充斥在這樣的對立與不滿之中，公司的未來會有多少前景可言？此外，我們自己的晉升或加薪希望，又能有多少提升空間呢？

其實，職場中真正的委屈不多，一般而言，有的也只是我們因為際遇不如人，於是牢騷滿腹，進而導致自己的工作情緒與處世態度有了偏差，這當然會讓自己的表現越來越難讓人肯定了。

紀曉嵐在故事中告訴我們「會意」與「成全」的重要。其中意涵不僅是一個智者的謙讓，更蘊含著人際間從屬關係中，最基本待人處事的尊重態度。

在風光當官並以機智聞名的紀曉嵐身上，我們更學到了一件事：「無論我們受到多少委屈，也不管我們的才智有多高，我們待人始終都得謙謙有禮，最重要的是，對於上司更要謹守本份與尊重，因為想要獲得主管的欣賞與信任，便要從我們自己做起，先學會尊重與欣賞他們的好。」

養兵千日正為了成就關鍵時刻

耐心等待，只要你有能力就不怕沒有表現的
機會。能力一定要充實，如此才能在最重要
的時刻為生活創造奇蹟！

　　不要輕易讓尚未累積完成的能力曝光，因為，心浮氣噪的結
果，只會讓我們身邊的機會不斷溜走。

　　所以，別處處張揚自己的能力，也別急著四處表現自己的才
情。聰明的人都知道：「養兵千日，正是為了成就人生中最關鍵
的一刻；等待機會，正是為了能抓緊人生中足以扭轉乾坤的時
機。」

　　已經七十好幾的龔遂被漢宣帝任命為渤海太守，經過他幾年
的治理，社會安定，百姓更是安居樂業，溫飽有餘。

　　龔太守從此聲譽遠播，漢宣帝聽聞後更召他入朝嘉勉。

　　當龔遂準備上京前，在他門下有個姓王的屬吏也要求同往，
他還對龔遂說：「我去對你會有好處。」

　　不過，其他人這時卻群起反對：「大人，這個人每晚都喝得
醉醺醺的，還是個好說大話的人，您千萬別帶他去啊！」

　　然而，龔遂卻一點也不在意，淡淡地說：「算了，他想去就
讓他去吧！」

　　來到長安之後，這個王先生果然如眾人所說的，終日沉溺於杯中物，連龔遂命人找他，他也懶得現身來見。

　　直到有一天，龔遂準備上朝面見皇帝時，王先生才來到龔府門口，請看門的人通報：「請大人來這兒，我有話要對他說。」

　　龔遂看見渾身酒味的王先生，搖了搖頭說：「先生，多保重身體啊！」

　　王先生對他的搖頭歎氣並不以為意，劈頭便問道：「大人，如果皇上問您如何治理渤海，您要如何回答？」

　　龔遂說：「我會回答：任用賢才，並讓他們各盡其能，處理政務與治民之道，則在嚴格執法，賞罰分明。」

　　沒想到王先生對這個答案卻連連搖頭，建議說：「不對！不對！這麼說豈不是如同自誇其功嗎？大人應該謙虛地回答『這不是小的功勞，這一切全靠皇上的英明神武所感化』才是。」

　　龔遂點了點頭道：「良策！」

　　於是，龔遂照著王先生的意見回應。漢宣帝一聽果然龍心大悅，立即決定留龔遂在身邊，並派任了一個重要卻又十分清閒的官職給他。

　　真正的能者不會處處張揚自己的才情，更不會處處表現自己的智慧。因為對他們來說，人生有許多重要時刻，真正的實力也應當保留至關鍵時刻來發揮。

　　一如看起來像個無用醉鬼的王先生，在重要時刻一鳴驚人，讓正面臨到人生轉折時刻的龔遂，因為這個聰明策士而獲得新生。

　　對龔遂來說，這個醉鬼是「養兵千日，用在一時」。

　　反觀許多能力尚未築成卻急於表現的人，每每因為自信過頭，

以致自曝其短而不自知，對於自己名列「能力不足」之中更是渾然不覺。

其實，只要我們實力充實，就不怕自己沒有發展的空間。

耐心等待，只要你有能力就不怕沒有表現的機會。能力一定要充實，如此才能在最重要的時刻為生活創造奇蹟！

放棄是造成失敗結果的元凶

人生成功的關鍵只在一個「態度」。生活難免遇到失敗，難免會有失望，我們始終都要有堅強的生活態度，更要有積極面對生命的勇氣。

　　如果你想邁向成功之路，你真正要尋找的不是成功的秘技，而是可以讓你勇於面對生命的那份自信。

　　因為，成敗的關鍵不在於技巧，而是無法面對時的放棄念頭。

　　有位成功的銀行家羅德，每次向年輕人講演，訴說他的過去時，他的經歷與努力，每每都令聆聽者敬佩不已。

　　在他還是學生的時候，便已立志在銀行界闖出一片天空。因此，在學生時期他便積極踏出步伐，向銀行業前進。

　　雖然，稚嫩的學經歷讓他在求職時接二連三地碰壁，然而無論結果如何，都沒能打擊他，也無法折損他的企圖心。他對自己說：「別沮喪，第一步走得辛苦是很正常的，放心吧！你一定會有機會的。」

　　這個年輕人為自己打完氣後，鼓起精神繼續前進，直到他面對第五十二家的拒絕，情況才有轉變。

　　這天，羅德又沮喪地從董事長的辦公室走出來。這是他第二次來到這間公司毛遂自薦，又第二次親耳聽見董事長對他說：「你

請回吧！」

　　原本鬥志高昂的實踐家也難掩失望的情緒，神情落寞的他低著走出銀行大門，忽然看見地上扎著一根大頭針，他嘆了口氣後便俯身拾起這個大頭針，聯想到：「唉，是不是選錯了方位呢？」

　　回到家中，他仰臥在床上，想著：「爲何命運不肯給我機會呢？我遇到挫折從不低頭，也從不放棄自己，爲何連試一次的機會都沒有呢？」

　　第二天，當他再度重整心情，決定繼續人生挑戰時，卻見信箱裡放了一封信，信封上印著昨天他去面試的那間銀行的名字。

　　他拆開來看，上面寫著：「歡迎您的加入！」

　　年輕人揉了揉眼，再仔仔細細地看了一遍，驚呼：「我錄取了！」

　　「可是，董事長明明已經拒絕我啦？」他不解地想著。

　　原來，昨天他彎腰撿起那個大頭針時，正巧被董事長看見，對於他這個細心的小動作印象十分深刻。而他更加清楚，這個小動作正是銀行人才最佳的評鑑標準。

　　從此，性格謹慎細心的夢想實踐者，努力地在銀行界發揮自己的長才與工作熱情，最終果然一如他對自己的期許，成爲一個著名的銀行實業家。

　　在銀行界闖出一片天後，銀行家羅德積極地與青年人分享經驗，他經常以自己的經歷訓示後進：「做任何自己想做的事，你們都要矢志不渝，不達成功絕對不輕言放棄。想從事銀行工作的人，請培養出細心謹慎的生活與工作態度，無論數字的大小都必須小心核對，要嚴格地要求自己零失誤。」

　　也許撿起大頭針的動作不足為奇,然而我們不妨仔細反省一下,這個看似平常的小動作有多少人會去執行?

　　又有多少人能在失意的時候,繼續堅持這樣認真且謹慎的生活態度呢?

　　對銀行家來說,「小心核對」四個字不只是一個工作態度,更是他們人生的原則。那是羅德的成功技巧,「永不放棄希望的堅持」與「凡事謹慎小心的態度」正是羅德的人生體悟。成功的方法其實很簡單,卻反而經常被人們忽略。在散漫、不負責任且不能勇於面對的生活態度中,夢想擁抱成功的人最終只是空想,即使聽見羅德的成功經驗,他們最終也只有羨慕的份兒。

　　人生成功的關鍵只在一個「態度」。生活難免遇到失敗,難免會有失望的時候。然而無論在哪一種情況中,我們始終都要有堅強的生活態度,更要有積極面對生命的勇氣。就像羅德的生命態度一樣,相信成功一定會到來,更堅持成功的未來一定要在自己的手中實現。

5.

與人溝通要懂得投其所好

每個人都有機會表現自己，

也有更多要讓步以求全的時候。

對此我們不必懷抱不滿，

因為在我們成功之前，

首要學習的正是犧牲和退讓的睿智。

與人溝通要懂得投其所好

每個人都有機會表現自己,也有更多要讓步以求全的時候。對此我們不必懷抱不滿,因為在我們成功之前,首要學習的正是犧牲和退讓的睿智。

所謂「投其所好」,並不是要我們表現出諂媚迎合的阿諛態度,而是要我們明白溝通圓融的要訣。

因為,很多時候能夠技巧性地正中對方的下懷,才有助於彼此繼續交流討論的意願,也才能更進一步地讓我們規劃許久的目標,在最好的溝通氣氛中,找到最佳的推展時機。

歷史學家指出,以「變法革新」留名青史的商鞅,事實上最初所提出的變法主張,並非今天所留傳的內容。

那年他初到秦國時,雖然秦孝公正雄心勃勃地想要重振霸業,更積極地想收復失土,然而備受禮遇的商鞅,在拜謁孝公時卻大談堯、舜時期的「帝道」,對於這些沉悶又乏味的陳腔濫調,秦孝公一點興趣也沒有。

最後,秦孝公猛打磕睡,事後還責怪推舉的景監說:「你推薦的那個人哪有什麼才智?根本只是個好說大話的人!」

無端挨罵的景監,一看見商鞅便惱怒地說:「你到底對大王說了些什麼啊?」

商鞅答說：「我很用心地進獻帝道，可是大王怎麼也無法領會。」

五天之後，商鞅再一次面見秦孝公，這一次他將帝道好好地修飾了一番，但還是無法打動秦孝公的心。

當然，景監再一次被秦孝公指責，這也讓他對商鞅的怒火越燒越大了。

雖然商鞅解釋道：「我向國君推薦了夏、商、周三朝的治國之道，不過他仍然不肯接受。這樣好了，請您再幫我一次，這一回我一定會讓大王滿意的。」

景監嘆了口氣，無奈地說：「好吧！不過，你要記住一點，你如果再提不出良策，我恐怕也玩完了！」

這一次，商鞅果然與秦孝公談得十分投機。

雖然秦孝公並沒有表示要任用他，但是口氣也已經緩和許多。他對景監說：「你這個客人還可以，有機會可以再聊聊。」

景監一聽，開心地問商鞅提了些什麼意見，商鞅說：「我只是和君王聊了些春秋五霸以武力強國的道理。看來大王對此相當感興趣，如果我能夠再和他見面一次，我很有把握能讓君王重用我。」

於是，景監又安排了一個機會給商鞅，這回商鞅果然如他自己所預期的，與秦孝公對談融洽。這一次，他們還徹夜長談呢！

這個結果令景監十分好奇，問道：「商鞅，你和大王說了些什麼啊？」

只見商鞅笑著說：「大王希望國家能夠早一點富強起來，因此我向他進獻強國之策，他聽得十分開心。」

不久，商鞅終於被秦孝公重用。在他掌握實權大行變法革新之後，秦國很快地晉升富強之國。

　　從帝道論述到富國之術，原先不被看好的商鞅慢慢地修正自己的腳步，也慢慢地探測秦孝公心中真正的想法。

　　這個過程對於想一展長才的商鞅來說，是個非常重要的調整步驟。如果他一味地堅持帝道哲學的論述，卻忽略了掌政者對於國家目前方向的期望，那麼無論他提出的方針多麼崇高宏觀，對秦孝公來說不僅過時而且不切實際。

　　所幸，觀察敏銳且悟性甚高的商鞅，幾經修正與試探之後，終於掌握住秦孝公的期望。於是他爭取到最後一次機會，也讓孝公對於國家富強的積極行動計劃充滿了興趣與期待，進而願意延攬他，成為秦國拓展國勢的重要大臣。

　　從故事中，我們看見一個思考靈活的智者，他不拘泥於正統的學識研究，而是能將所學大膽地加以變化。

　　他懂得深入了解對方的需求，更知道要調整計策以期正中對方心懷。如此一來，他的計劃也才能夠真正地獲得實踐的機會。

　　對於努力尋求伯樂賞識，使才能可以得到支持與表現的人，看見了商鞅的變通之後，是否也得到了一些啓發呢？

　　在這個競爭激烈的現代社會中，每個人都有機會表現自己，然而也有更多要讓步以求全的時候。對此，我們不必懷抱不滿，因為在我們成功之前，首要學習的正是犧牲和退讓的睿智，一如商鞅的成功模式。

財富多寡不能代表你的人生成就

如果我們一味地讓雙眼關注於金錢之上，最
後一定會被貪婪所害，因為不滿足的眼睛永
遠看不見身邊的危機。

財富並不代表一個人的成就高低，就像學問卓越與個人修養，
很多時候是呈現反比關係一樣。為什麼許多坐擁萬貫家產的人會
在一夕間身無分文呢？究其原因，幾乎都在一個「貪」字。

所以，正想張揚自己財富的人，別忘了「財不露白」的忠告。
對於正著迷在「貪婪」生活中的人，請聽這句經驗之談：「早知
道滿足了慾望之後會失去心靈相伴，那麼我寧願放棄一切財產，
也不要讓心眼困在貪婪中。」

阿卜是個非常有錢的商人。擁有一百五十隻駱駝和五十名奴
僕的他，每次和朋友聚會時，非常喜歡誇耀自己的財富與豐富的
經商歷程。

這晚，他又邀請了許多朋友到家裡玩樂。宴會進行之中他當
然不忘記要誇誇其談，他說：「你們知道嗎？我在土耳其那兒存
了一批貨，在印度也有一批花色齊全的商品，你們看，這張房契
是我剛剛簽下的新屋，還有，這張是那間大商號開給我的抵押
單。」

　　阿卜滔滔不絕地說著，臉上更是充滿著驕傲自負的神情，當他看見朋友們個個聽得目瞪口呆，心中更是得意。

　　虛榮心一起，他也樂得越說越起勁：「我打算到亞歷山大城住一段時間，聽說那兒空氣好，對身體很有幫助，不過現在地中海區風浪很大，一時間無法行動，實在很掃興。我已經決定了，再一次旅行之後我就準備退隱，不再外出經商了。」

　　這時有個朋友問他：「是嗎？不知道你的旅行計劃如何？」

　　阿卜說：「這個啊，我會一邊經商一邊遊玩。聽說硫磺在中國很值錢，我想把波斯的硫磺帶到中國販售；到了中國，我準備買一些瓷器到希臘去賣，因為威尼斯那兒的人很喜歡，在威尼斯那兒，我會準備一些綢緞後再往印度那兒去，接著我會在印度那裡換一些鐵，然後再到葉門換些花布回波斯來。」

　　忽然，阿卜停了一下，原來他說得太急，以致於聲音有些沙啞，他停下來喝了一口茶後才繼續說道：「這一趟走完後，我再也不出外旅行了，從此你們每天都能到我的舖子來找我。」

　　「好了，我說完了，談談你們的見聞吧！」阿卜一口氣說完之後，終於想到要讓朋友們說幾句話了。

　　這時，有個與他十分要好的老朋友開口：「換我說吧！我曾經在沙漠地區遇到一個從駱駝上跌下來的商人，他在臨死前對我說：『貪婪的眼睛如果看不見滿足，那麼他最後一定會被黃土所淹沒！』這是我今生永遠不會忘記的一幕。」

　　聽見他這麼說，其他人也聽出箇中弦音，全都忍不住會心一笑，不過阿卜似乎悟性不高，竟冷冷地道：「就這樣而已啊！」

　　關於阿卜口中的旅遊行程，想必你也和「老朋友」一樣，感

受不到他四處開拓的寬闊視野,而是更見其狹隘又貪婪的商人特色吧!

我們都知道,對好大喜功的人來說,他們人生的經歷,大都是揮金如土與貪求財富,很少有人會發現貪婪裡四伏的危機,或是慾望高漲後的迷失。因此他們最後都會像阿卜的老朋友所預言的,成為「被黃土淹沒的貪婪雙眼」。

我們應該仔細體會「老朋友」關心的叮嚀,更要認真反省其中的寓意。

無論我們擁有什麼樣的機會或財富,別讓貪婪侵佔心眼,只因人生最終都是空手回歸塵土。如果我們一味地讓雙眼關注於金錢之上,最後一定會被貪婪所害,因為不滿足的眼睛永遠看不見身邊的危機。

待人處世要多用「寬」字

對於身邊的人的付出與努力，我們應該多一點鼓勵和支持，少一點嘲諷與譏笑。不管結果成功或是失敗，沒有人不希望得到多一點安慰和肯定。

不要老想挑剔人的短處，因為「雞蛋裡挑骨頭」只會讓自己挑回一擔擔的「尷尬」，結果不僅傷害他人更傷目己。

因此，待人接物要用寬闊一點的胸襟去容納人生百態，規劃生活則要從更遠更寬的視野中尋找未來。

懂得「寬」字的生活秘訣，我們才能擁有多彩多姿的人生閱歷，生活不能太一板一眼，能多一點靈活變化與寬度，我們才能真正地享受到生命的美妙滋味。

有個圖書業務員正在廣場上推銷公司出版的各種圖書，他生動活潑的行銷方法，很快地吸引了許多聽眾。只見業務員仔細地介紹一本本圖書，每一本書都很清楚地分門別類，專業的他不僅能舉出某一類書中的經典，還能隨手拿起任一本書籍，仔細地分析其中的重要環節。

比如說，當他手中拿起一本電腦圖書時，他就會將現今所有相關的電腦資訊一一連繫。如果他拿到的是一本文學書，那麼他不僅會詳細解說作者創作的寓意，還會將相關的文學作品一塊兒

融會帶入，讓人們不只有認識他手中的這本書，還會對其他的文學圖書產生好奇。

當現場聽眾著迷於口若懸河的推銷中，人群忽然有個人問道：「請問賣書的，這些書你全都看過了嗎？」

推銷員笑了笑，隨即反問道：「請問您是做什麼工作？」

那個人回答：「藥劑師。」

於是，推銷員說：「藥劑師啊，您會不會親口嚐過自己所賣的藥呢？如果沒有嚐過的話，難道你都會先試一下嗎？」

觀眾們聽見他的機智回答，全忍不住哈哈大笑。

無論業務員的反問是否有取巧的意圖，故事中真正的旨意是「學習體諒」。

賺錢辛苦是每個人都能體會到的感受。因此，對於身邊的人的付出與努力，我們應該多一點鼓勵和支持，少一點嘲諷與譏笑。不管結果成功或是失敗，沒有人不希望這一路走來的辛苦付出，得到多一點安慰和肯定。

換個角度說，當你看見夜市中認真打拼的人揮汗推銷時，可以不用激起同情心，掏錢買下不需要的東西，但也不能故意大聲地嘲諷產品不中用！

不要老是想給人難堪。將心比心，生活轉個場景，換做是我們自己，面對這樣有心的找碴，相信沒有人會感到愉快。因此，遇見這些努力生活的人，請默默地為他流下的汗水鼓掌，因為掌聲中飽含著我們對人的關懷與尊重。

不打沒有準備的仗

有的人會在等待的過程中不斷地增值自己的
智慧，累積自己的能力，直到機會出現便能
完全掌握。

面對捉摸不定的環境，假使害怕打一場沒有把握的仗，那麼
我們就要在戰事發生前預先做好準備。

要克服自己的惰性，每個人都要在生活時間表上，預先寫下
規劃的項目。

不想讓生活出現手足無措的畫面，不希望錯過未來機會，那
麼在這些情況發生前，我們都要做好心理與能力的預備動作。

如此一來，我們才能夠帶著自信面對突如其來的問題，也才
能夠讓每一場人生戰役都有精采的戰績。

這是個經常有獵人出沒的森林。因為森林裡的動物不僅種類
繁多，而且大量聚集，這對獵人們來說當然是個表現狩獵能力的
好地方。

動物們原本想在森林裡安身立命，卻因為獵人們經常出沒，
如今此處成了充滿危險的生活環境。特別是那些千里迢迢到這座
森林尋找新未來的動物們，怎麼也沒料想到會有這麼一天。

面對這個問題，有許多動物們只好再度搬移，不想搬家的動

物們則只好每天過著提心吊膽的日子。

　　有一天，狐狸看見野豬正在樹身上磨牙，好奇地問：「喂，豬大哥，今天又沒有獵人出現，我也沒有聽見獵犬的叫聲，你為何還要磨牙啊？」

　　野豬停下磨牙的動作，側頭看著狐狸，冷冷地說：「我知道。不過，我不想在獵人或獵犬出現時只能拼命地奔逃，不想在危險降臨時連反擊的能力都沒有。」

　　「我也不想啊！不過，你現在磨牙有什麼用，過幾天不是又鈍了？你可以等到獵人出現時再磨啊！」狐狸反駁道。

　　只見野豬冷笑一聲：「我知道，問題是當獵人都已經出現在你面前了，哪裡還有時間磨牙呢？」

　　「也對喔！」聽見野豬這麼說，狐狸似乎有些明白了。

　　從聰明的野豬身上，我們也學習到故事的寓意：「真正舒服自在的生活，不是因為生活中沒有麻煩與危險，而是因為我們早已準備好隨時面對生活中每一個困厄。可以帶著微笑，輕鬆走過層層難關。」

　　換個角度思考，這不就像正在尋找機會的人？在他們之中也不乏像狐狸一類的人，認為機會就像獵人和獵犬一樣難得遇見，因此他們並不願意花時間與功夫預作準備，寧可在閒暇時玩樂、空等。直到機會忽然出現，這才手忙腳亂地捕捉，最後再在抱怨聲中失去機會。

　　當然，有的人會像野豬一般，在等待的過程中不斷地增值自己的智慧，累積自己的能力，直到機會出現。

　　然後，他們便能完全掌握，輕輕鬆鬆地展現自己的實力與自

信。

　　試想，不能未雨綢繆，我們又怎能輕鬆面對突然發生的意外狀況？若不預備妥當，我們又怎能自信滿滿地面對所有無法預料到的危機？

　　生活沒有什麼特殊秘訣，只要我們能比別人多用點心，願意認真地經營自己的人生，無論生活中出現危機，或是遇到難能可貴的機會，我們都能自在且自信地享受生活中的所有經歷。

沉默是為了等待最佳的發言時機

許多心理高手面對競爭激烈的環境，保持沉
默用以降低對手的防備，看似退讓或接受，
其實暗藏積極行動的企圖心。

不能謹言慎行，當然會一再地遇見麻煩，不能按捺自己的情
緒，人際間的口角風波當然會一再地上演。

當我們生活在這些麻煩與口角爭吵之中，日子會快樂嗎？

「沉默」常伴隨著「忍耐」。因此沉默不是害怕的表現，在
很多時候它更代表著一個人的修養風範，也隱含了一個人懂得在
靜思後再審慎發言的智慧。

曾經有一位準備退休的印刷業老闆，在脫售公司各種事務機
器時毫不遲疑，唯獨對一組從美國原裝進口的印刷機器割捨不了，
因為這組生財工具當初花了他好幾百萬美元的成本。

老闆仔細地看了看機器，心想：「這組設備還很新，除了有
些小磨損，其他功能仍然極佳。雖然已是二手貨，不過應該還有
二百五十萬美元的價值吧！」

幾經估算之後，老闆決定要以這個價錢出售：「二百五十萬
美元，不二價！」

消息一傳出去之後，許多同行的買家紛紛與他接洽，這其中

當然不乏一些要求減價的人。

　　然而，態度強硬的賣方老闆說什麼也不願意降價，他說：「你們都知道機器的功能與印刷品質，這個價錢已經很合理了，你們可以比較一下目前市面上其他的印刷機器，許多新機的品質恐怕還不如這一台呢！」

　　不久有個挑剔的買家出現，他一進門，連售價都沒問，便滔滔不絕地批評起這台機器的缺點與不足，話鋒尖銳，幾乎快惹惱了賣方老闆。

　　正當老闆的情緒就要爆發前，忽然一個轉念：「算了，反正二百五十萬元的底價我是不可能退讓的，既然他不識貨，就隨便他說吧！」

　　按捺住情緒後，老闆始終不發一言，靜靜地看著那個人口沫橫飛地說著，直到他再也沒有力氣大聲說話為止。

　　停頓時，老闆還是沒有說什麼，只有擠弄一下臉龐，表現出一副無可奈何的神情。沒想到就在這個時候，這個人居然說：「老兄，你這台機器我只能支付你三百五十萬元，再多就沒有了，你看如何？」

　　賣方老闆一聽，先是吃驚地看著他，領會之後，故意地裝作無可奈何的表情說：「好吧！成交了！」

　　所謂的「沉默是金」，並不是意味著完全不開口說話，更不是要我們成天板著面孔，態度冰冷地與人交往，而是要懂得抓對時機保持「沉默」，並學習選對時間、場合開口說話。

　　懂得適時適度地運用沉默，不僅是一種智慧，更是一種藝術。就像故事中的老闆，在隱忍與靜默的交易過程中，用沉默賺到了

更多的回饋。

其實，許多心理高手最常使用的競爭技巧，正是「沉默」這張牌。面對競爭激烈的環境，他們保持沉默用以降低對手的防備，看似退讓或接受，其實暗藏積極行動的企圖心。眼前的沉默並不是因為他們害怕或是退讓，只是他們比對手更懂得什麼叫作「伺機而動」。

我們都知道「言多必失」會帶來不必要的麻煩，更清楚話說得太快很容易引來不必要的危險。一旦少了大腦的深思熟慮，話多不但無助於人與人之間的溝通，反而更容易造成不必要的衝突。

因此，忍住你的脾氣，心中的目標既然已經決定了，就不必與人多起爭執。如果他們不滿意眼前的一切，不明白你的目標方向與計劃，那麼就不必再說什麼，因為他們始終都不會明白。

用幽默感化解生活危機

幽默的功力，不僅可以讓人們化干戈為玉
帛，更能讓原來的是非變成了笑談，輕輕鬆
鬆地把大事化小。

　　具有幽默感的人必定是個萬人迷，懂得自嘲技巧的人，也經
常是人們最歡迎的合作對象。

　　因為，幽默感不僅可以化解人際之間的尷尬，更能讓我們身
上展現出一份無法隱藏的自信風采。

　　幽默是征服人心的力量，小小的幽默就可以化解生活危機。

　　因為懂得幽默感的人，最不喜歡看見愁眉苦臉，因此他們會
隨時地提醒自己：「用微笑面對生活，用陽光心情面對人生，如
果拿自己開玩笑可以換得更多的笑聲，那麼讓自己出一下糗又何
妨？」

　　著名畫家張大千先生臉上的大絡腮鬍，早就成為他的代表特
徵，他的言談也每每展現藝術家的幽默感。

　　這天，他和幾位老朋友一塊吃飯，席間有個朋友要求每一個
人要講一個笑話。只是不知道怎麼了，好幾個人像是商量好了一
樣，居然一連講了好幾個嘲笑大鬍子的笑話。後來，張大千聽出
了朋友們是故意開玩笑的，因此他一直沉默地帶著微笑聆聽，沒

有插嘴。等到大家都講完了故事時,他才清了清嗓子說:「來來來,我今天也要講一個關於大鬍子的笑話。」

朋友們聽見張大千這麼說,臉上紛紛出現既尷尬又吃驚的表情,因為他們以為,當大家都選了關於鬍子的笑話之後,張大千應該會把話題岔開,轉移大家的注意力才對,沒想到他竟然還要講「大鬍子」的笑話!

只見張大千親切地說:「三國時候,關羽在麥城一役中吃了敗戰,後來更不幸被吳國士兵所殺,他的好兄弟張飛報仇心切,一時大意,酒醉後也被殺了,眼見二位兄弟都被殺害,劉備大怒之下決定興師討吳。

當時,關羽的兒子關興與張飛的兒子張苞都在軍中,也一心要為父親報仇,因此兩個人爭著要當先鋒,這令劉備十分為難,不得已出了道題目考他們:『你們兩個各自說出自己父親生前功績,只要誰父親功勞多,我就讓誰做先鋒。』

張苞一聽,立即不假思索地說:『父親當年三戰呂布,喝斷當陽橋,夜戰馬超,鞭打督郵,義釋嚴顏。』

關興一聽,心想這個頭功居讓讓他搶了去,一著急居然又口吃了起來,他支吾了半天才說了一句:『我父五綹長髯……』

然後,他便再也說不下去了,沒想到就在這個時候,關公竟然顯靈了。他站在雲端上,聽見兒子只說出了這一句話,氣得大罵道:『不孝子!老子生前過五關斬六將,溫酒斬華雄之事你不說,偏偏要在老子的鬍子上做文章!』」

張大千的故事說到這兒便說不下去了,因為在座的朋友聽到這裡,全都忍不住笑得人仰馬翻了!

　　幽默的張大千藉著三國故事中的人物，來指正朋友們的玩笑開過頭，當然也順勢化解了自己的尷尬。

　　其實，這是一個很體貼的舉動。張大千希望朋友們能尊重他的大鬍子，不用直接的批評來告誡朋友，而是用幽默的方式輕巧帶出心意。就像他說到關公怒斥關興不說偉大事蹟，偏偏挑他的五絡長髯來誇耀的那一段，其中他也意有所指，怪朋友為何不找其他話題，偏偏要拿他的大鬍鬚來八卦。

　　從中，我們領略到幽默感的功力，不僅可以讓人們化干戈為玉帛，更能讓原來的是非變成了笑談。

　　因此，學習幽默感，不僅能讓生活變得有趣，更能讓我們輕輕鬆鬆地把大事化小，小事化無！

不必承擔莫須有的罪名

一味地將責任背負身上並不代表負責，回歸到事情本身，不要用情緒或是情感來面對問題，這樣才不會讓彼此陷入了主觀判斷的死胡同中。

　　把責任的歸屬問題確實釐清之後，如果真正應該負起責任的人是我們，那麼無論如何我們都要盡責。

　　反之，幾經論辯之後，造成意外的真正元凶是別人的話，我們也要懂得為自己爭取權利，不必背負莫須有的惡名，因此從平等公正的角度探討，「責任」的歸屬不能以人為依據，而是要從事件本身去分析，方能找出真正應該負起責任的人。

　　有一間皮鞋廠的老闆為了讓員工們更有春節氣氛，特別加贈員工們一批新款鞭炮，好讓大家的春節能夠更加喜氣。

　　只是沒料到，其中有一名員工的小女兒在玩耍的時候，不幸竟被鞭炮擊中了眼睛。該名員工一氣之下，向法院狀告鞭炮廠商有過失。他要求，發明與製造鞭炮的廠商要為這個意外負起全部的責任。

　　當法院的通知單送到製造廠時，大家為了這場官司十分苦悶，雖然他們有心打官司，然而就事論事的話，皮鞋廠的老闆恐怕也要負起責任，只是對於這個大客戶他們又不敢得罪，畢竟皮鞋廠

每年的訂單不少，一旦得罪了他們，肯定會失去這個大客戶。但是不打這場官司的話，工廠要蒙受重大的損失。對於這個身不由己的官司，大家無不嘆氣道：「這場官司不知道要耗費多少金錢與人力啊！」

當大家沉著臉苦思時，忽然有人大叫一聲：「我們怎麼沒有想到小林啊！」

關於小林這號人物，曾經在這間工廠工作過的人都知道，他可以說是這間公司的智多星。舉凡內部人事與對外洽談一出現問題時，大家只要向小林諮詢，便能輕輕鬆鬆地得到解決妙方。

於是，大家請來了小林，並仔細地告訴他事情的始末，當他聽完原委之後，居然大笑了好幾聲。

「一切包在我身上！」小林自信地說。

開庭的時間就快到了，小林卻還沒有出現，只見鞭炮廠的人個個神色凝重，坐立不安。不久，小林終於出現了，他氣喘吁吁地來到法官的面前報到。

法官一看見他，便生氣地質問：「你怎麼現在才到？」

只見小林吞了一口氣，大聲地說道：「法官先生，我一接到傳票就趕來了，但是趕路的過程中，這間皮鞋公司製作的皮鞋竟把我的腳給磨破了，於是，我向當地的法院提出告訴，他們現在才把判決書給我，然而製造商並不願意承擔這個責任，因為他們推卸說這是我使用不當的後果。總之，他們要我自負這個結果。可是我不服氣，所以現在又告到貴院來了。」

席間的皮鞋廠當事人一聽，也明白了小林的弦外之音，最後他決定撤銷起訴。事後，鞭炮廠長則致贈了一筆慰問金給小女孩聊表心意。

　　聰明的小林以相同的道理反將鞋廠的原告一軍。

　　看似激烈的對抗過程，事實上，小林早就空出了一個讓彼此都有台階下的空間，台階正是小林控告鞋廠的那張狀紙。

　　回到被告身分之後，小林沒有先為自己辯解，反而將他控訴對方的事件提出，目的就是要讓鞋廠的人員能夠從中釐清，意外發生時的問題與責任歸屬。

　　結果，也正如小林的預期，雙方皆退一步，卻也讓彼此的合作關係更進一步。

　　就事論事，一味地將責任背負身上並不代表負責，回歸到事情本身，不要用情緒或是情感來面對問題，這樣才不會讓彼此陷入了主觀判斷的死胡同中。

再多的回饋也滿足不了貪求的心

在現代社會中，為了一己之利，看似和平互助的表面，暗地裡往往隱藏著諸多陷阱，等著肥羊上鉤。

　　即使，歷史故事中關於貪婪的悲劇一再向我們提出警訊，但故事中的啟示似乎並未被人們重視。

　　人們要繼續朝往哪一個方向進化，一直有許多人努力地思考。雖然時至二十一世紀的今天，科技進步實現了世界一家的地球村夢想，但人們的生活要如何走出古老的私我滿足慾望中，也許還有好長一段路要走。

　　楚成王以國君隆禮接待晉國公子重耳之後，流亡到楚國的重耳決定在這裡居住下來，不再四處逃亡。

　　有一天，楚成王請重耳一同打獵，在一陣追逐玩樂之後，楚成王邀請重耳入宮吃飯。

　　席間，楚成王帶了點酒意問道：「公子到我國之後，生活安穩，衣食無缺，不知道您將來重返晉國後，會用什麼方式來報答我呢？」

　　重耳心想：「沒想到楚王竟然想要挾我，不行，我不能有失大國的尊嚴。」

於是，他不卑不亢地回答說：「楚王，那些美女玉帛都是您早有的東西，山珍海味與飛禽皮革都是您楚國的特產，我國很少有這樣的好東西，實在不知道要用什麼來報答您啊！」

楚王笑著說：「話雖然這麼說，不過您總該有一些表示吧？寡人只是想聽聽看，直說無妨。」

重耳見楚王咄咄逼人，只好回答：「好，如果大王願意以您的聲威願意助重耳收復晉國，那麼重耳願意與大王結為盟國，讓兩地人民可以安居樂業，不過世事難料，如果兩國不得已交戰起來，我必須與您一決高下的話，那麼我願意先退避三舍之遠，不與您爭搶。」

楚王明瞭彼此都各謀己利的立場，就不再多說什麼了。

不久，晉國又發生了動亂，晉惠公不幸身亡，惠公之子私自從秦國跑回晉國接掌大局，是為晉懷公。

然而，秦穆公對晉懷公偷跑回國一事非常不高興，於是他派了公孫枝到楚國與重耳商談，終於派大軍護送重耳回晉收復失土。

歷史故事中的權力鬥爭經常充滿了可怕的佔有慾望。重耳的「退避三舍」說，雖然暫時安撫了楚成王，卻始終都埋伏著國與國之間爭權奪利的角力。

在現代社會中，許多角力戰的背後也潛藏著相同的利益糾葛。為了一己之利，看似和平互助的表面，暗地裡往往隱藏著諸多陷阱，等著肥羊上鉤。

也許對重耳來說，每一段遭遇都是人生中最難得的。畢竟，若不是權力慾望的作祟，他也許無法看盡權力鬥爭的可怕。若不是受盡世間炎涼，他也無法感受到利慾薰心的可怕。

其實，無論結盟與否，也不管會不會有退避三舍的一天，重耳想必已經從中領悟到，一旦涉及了權與利，人們友好的態度中始終另有內情。在這個競逐權力的社會中，想看見簡單純真的互助心意，恐怕比登天還難吧！

回到現今社會，相似的慾望結構，相同的逐利技巧，我們看見了人們始終都脫離不了「為謀己利」，也了解到人與人之間難有簡單的真心。

6.

不怕沒機會，
只怕沒本事

希望找到「對的人」，

總是需要一點時間等待，

挑選時別忘了多點誠意與氣度，

好魚兒自然會蜂擁而來，全數上鉤

誠實、踏實是經商的第一要件

我們無須絞盡腦汁地偽裝自己,更不必打腫臉充胖子。只要能率真地表現自己,堅持質樸的言行,那麼人們自然會認同我們的實力與努力。

誇大與自負時常引誘我們進入險境。那些喜歡自吹自擂或自以為是的人,不僅常常忽略自己的不足處,也經常看不見對手即將超越自己的事實。

所以,誠實地面對自己的優缺點,踏實地將自己的能力表現出來,才是我們爭取成功機會的最佳方法。

在一場重要的商業會議中,有間名聲很差的廠商也積極出席。但是,他們為了替自己爭取更多的利益,竟誇張地吹噓著自家產品,甚至誇過了頭,此舉令許多同行業者都忍不住搖頭。

接著,該公司代表還拿現場同業的產品來比較,並以明褒暗貶的方式攻擊對手,他們心中盤算的是:「哼!誰能跟我們比,我只要說句話就能把你們打敗了!」

至於那些被貶抑的廠商代表雖然氣憤,但礙於在這樣的大場合不便發作,同時也因為對方沒有直接批評,所以他們沒有加以反駁。更何況「和氣生財」也是大多數商人們的經商圭臬。

不過,就在這個時候,有個同業代表忽然站起來回嘴了,因

爲他的公司也被對方批評得十分誇張，明捧暗貶的話中話實在令
人難受。

在這樣的場合中，大多數人都期望他輕輕帶過就好，沒想到
他竟然大力吹捧起自家產品，接著更對該家廠商的產品毫不避諱
地直接批評，而且一口氣損個夠。

這個舉動不僅令對方代表愣住了，連其他與會的廠商代表也
緊張得繃緊了神經，甚至身邊的伙伴也忍不住對他說：「你吹得
太過了啦！」

沒想到他卻笑著說：「是嗎？不如讓我和大家說個故事吧！
從前，有個製鼓的人說：『我家裡有一面鼓，只要一擊鼓，它的
聲音能傳送千里。』有個人聽出他在吹牛，於是他大聲地說：『是
嗎？那我家有一頭大牛，當牠的頭正在江南喝水時，尾巴卻一直
伸到對岸。』製鼓人一聽，立即駁斥：『根本沒有這麼大的牛。』
對方則說：『沒這麼大的牛，怎麼能蒙住你吹牛的大鼓呢？』同
樣的道理，我們家的產品如果不好，又怎能超越他們呢？」

大家一聽，忍不住哄堂大笑，原來他是故意在嘲諷該公司的
吹牛招數。

最後，這位機智的代表再也沒有誇張地介紹自家的產品，因
爲他已經獲得了許多業者的青睞。現在他不必再吹牛，只要詳細
地介紹自己的產品，即使坦白地說出產品的優缺點，也能贏得買
家的信任。

其實，每個人都知道自己的能力有多少，也看得見別人的能
耐有幾分。只是我們能冷靜地看出別人的能力，卻總是不肯面對
自己的實力不足，於是就會像故事中習慣用吹牛來誇大自家產品

的公司代表一樣，不斷地打腫臉充胖子。

別忘了，許多成功者一再地叮嚀著我們：「待人接物的準則是謙虛與坦誠，然後你就會得到旁人的信任，之後才能享受成功的喜悅。」

每個人的實力到底有幾分，無須吹捧也不必他人大肆讚揚，因為我們的能耐只要一面臨表現機會，自然能誠實地展現在人們眼前。

人生的智慧真的很簡單，無論在哪一個領域中，我們真正應該在意的不是華麗的結果而是努力的過程，應該關注的也不是最後的感受，而過程中學習到的領悟。所以，我們無須絞盡腦汁地偽裝自己，更不必打腫臉充胖子，只要能率真地表現自己，堅持質樸的言行，那麼人們自然會認同我們的實力與努力。

我們都知道自己的斤兩

不同的人有不同的路要走，也會有不同的學習經過。只要我們不自卑、不自負，其實都站在相同的立足點上，享受相同的成功喜悅。

　　沒有人可以鄙視他人，更沒有人需要刻意地僞裝自己的實力。因爲「知」與「不知」其實沒有差距。確定自己「不知」，我們就要立即虛心學習；如果我們真的學識充足，滿腹經綸，便要有謙虛分享的意願，因爲這正是促社會進步的重要助力。

　　亨利・福特是汽車業先驅，但沒有接受過完整的學校教育，讓許多人紛紛發出質疑批評的聲浪，有些人更是毫不客氣地批評他：「這傢伙是個沒教養的人。」

　　在第一次世界大戰期間，芝加哥某間報社更嘲諷他：「亨利・福特根本是個無知的和平主義者。」

　　聽聞這些指控與不公平的批評，一向以和爲貴的福特先生也不禁動怒了，他向法院控告報社惡意毀謗。

　　在法院審理這件案子時，報社的委任律師要求福特先生坐上證人席，並提出一些冷僻無趣的問題詰問，企圖讓福特先生在陪審團面前出醜，進而證明他原本就是毫無學識的無知之士。

　　「福特先生，雖然您擁有汽車方面的專業知識，但是您知道

班尼迪特‧阿諾德是什麼人嗎？還有，英國在一七七六年派了多少士兵前往美洲鎮壓叛亂呢？……」

報社的委任律師一口氣提出了好幾個問題，不過這些問題似乎連那些「有教養」的人也不一定知道，因為有幾位陪審團員聽見時，也曾困惑地皺了皺眉。

至於福特先生，只見他靜靜地聽完律師的問話，最後搖了搖頭並嘆了口氣說：「我不知道英國究竟派了多少士兵，但是我知道，派出去的士兵比後來生還回國的人數還要多上許多。」

律師們沒料到問題居然被福特巧妙化解，於是他們緊急遞出了許多問題草稿，連番地提出許多艱澀冷僻的問題，急迫地要一舉擊倒福特。

福特先生面對這些的問題越來越感到厭煩，當他們提出一個具有人身攻擊的問題時，他站起來怒指著向他提問的律師說：「先生，如果我真想回答你剛剛提出的愚蠢問題其實並不難，因為在我的辦公桌上有一排按鈕，只要我一按下，馬上就會有人來回答你。試問，我身邊既然有那麼多專門提供我所需知識的人，我為什麼還要在腦子裡塞進這些無用的知識呢！」

聽完福特先生的話，現場登時鴉雀無聲，因為這個答案令律師啞口無言，更令現場其他的人忍不住心生敬佩，反省自己的偏見。

特別是陪審團們聽見福特先生的話後，個個都忍不住認同地點著頭，因為他們知道，這是個「有教養的人」的答案。

沒有人能否定這樣的答案。我們都很清楚，一個人的實力或學識並不在於累積了多少張學校證書，而是在於我們是否知道知

識要從哪裡取得,又是否能將知識吸收應用,轉化為實際行動。這也正是福特在故事中所積極傳遞的價值觀。

雖然福特在故事中沒有明說,但是他所要傳達的心意不言可喻:「雖然我的學歷比不上別人,但是我知道,自己的領導能力與學習能力一點也不輸別人。只要我願意與人合作,便能整合出一個智慧無限的『福特智囊團』,那麼我自然能掌握一切上天下地的知識。」

換個角度看,我們也發現了,「謙虛」原來是學習最重要的助力,相對的,「鄙視」則是最大的阻礙。

其實,每個人的未來不應該受限於出生背景的好壞,成就更不應該受制於學習機會的優劣。因為,不同的人有不同的路要走,也會有不同的學習經過。只要我們不自卑、不自負,其實都站在相同的立足點上,享受相同的成功喜悅。

記住每一個曾幫助過我們的人

一個人真正的價值在於他是否能突破短淺的
眼界，看見在每個生命身上散發的真善美，
誠懇地與人交往，共享人生的美麗與快樂。

　　錢與名從來都不屬於生命的最高價值。許多成功者之所以會
在當紅之際退下舞台，那是因為他們一到了高處便發現了財富與
名聲的虛假。

　　他們也更加清楚看見了生命的真諦：「從平凡到不平凡的過
程雖然艱辛，卻也是人生路上最快樂充實的一段。這段辛苦路程
所經歷的一切人事物讓我感激在心，我已經擁有了生命中最精采
最無價的部份。」

　　羅斯福在總統卸任後便很少出現在白宮了，這天若不是新總
統邀約，他也沒有機會回到白宮探訪老朋友們。

　　由於離會面的時間還很早，杜魯門總統與夫人外出尚未回宮，
羅斯福只好在這個熟悉的地方四處走走，順便和老同事們打聲招
呼。

　　只見他親切又熟悉地向白宮裡的僕人們打招呼。雖然這個動
作很平常，但是令所有人驚喜的是：「羅斯福總統還記得我耶！」

　　是的，羅斯福並沒有忘記那些曾經與他共事過的人，儘管他

已經卸任兩年了，他們的名字依然深刻地銘刻在他的腦子裡，而且他對這些基層人員的態度更是始終如一，一樣真誠有禮。

「亞麗絲太太，最近好嗎？我真想念妳烘焙的玉米麵包。」羅斯福微笑地說著。

亞麗絲太太一聽，卻嘆了口氣回答說：「唉，我現在只偶爾烘焙麵包了，因為樓上的人都不吃。」

羅斯福不平地說：「是嗎？那他們太不懂得吃好東西了，我等一下會好好地教教總統，哪裡才能品嚐到好東西。」

亞麗絲笑了，接著便端出一塊玉米麵包給他，只見羅斯福一邊走一邊咬著麵包，慢慢地走向辦公室去。在此同時他還經過了一個小花圃，那裡的園丁和工人們也感受到前總統久違的親切與溫暖。

因為羅斯福的用心與真誠，讓每位在白宮服務的人們忍不住聚集低聲談論，因為他們確實好想念和羅斯福總統共事的那些年。

其中，一位名叫貝克胡弗的僕人說出了大家的心聲：「這二年來，今天是我最快樂的一天。如果有人想拿百元大鈔來和我們交換這一天，我相信，白宮裡沒有一個人願意和他交換這樣難得的好日子。」

只要是誠心與人交往，即使心思簡單的孩子也會感受到他的真心。

從故事中，我們明瞭羅斯福真正的成功，並不只在於政治成就，更是在他待人接物的細膩用心，以及他真心與人相交的誠摯。

是因為貝克胡弗的那段話說明了羅斯福的成功所在。對於這些一直把自己定位在低下階層的傭人們來說，羅斯福的微笑招呼

與親切慰問，讓他們走出了低人一等的地位，更讓他們重新找到自己的價值。

從中我們也看見了，原來真正的成功人心中的感謝特別多。就像羅斯福總統一般，對這群陪他走過高低起伏的總統生涯的伙伴，他以默默牢記他們的臉龐與名字來表現心中的感激，並在適當的時機表現出感謝的心。

換個角度思考，只要找到對了生命的價值方向，所謂的「成功」榮銜自然地便會加冕在我們身上。就像羅斯福總統一般，明白身邊的一切才是最真實且重要的，那麼他就不會輕易放棄，也會比別人更懂得珍惜。就像他記住了每個人的名字，也擁有了人們的懷念與敬重。

人活著無非是為了擁有更多好的價值。只是人的價值並不在於金錢財富，也不在於位高權重。一個人真正的價值在於他是否能突破短淺的眼界，看見在每個生命身上散發的真善美，誠懇地與人交往，共享人生的美麗與快樂。

分享成功比擁有成功更重要

不遺棄身邊的患難之交，不忘記曾經歷的辛苦，我們才能穩坐眼前的成功寶座，當然也更能擁有永久支持、患難與共的好朋友。

瑟蒂斯曾說：「人性只有一條通則，放諸四海皆準，那就是口口聲聲自稱紳士的人，絕對不是紳士。」

因此，發誓要不惜為你獻出生命的人，可以在幾天以後就將你拋棄，揚言跟你誓不兩立的人，也可能在幾天之後，跟你化敵為友。

看懂了嗎？這就是赤裸裸的人性。

船身正倚靠在岸邊，等待著晉國的公子重耳與隨臣上船，護送他們回到晉國。

重耳一想到自己出走之後四處流亡了十九年，今天終於可以返回晉國坐上晉國國君之位，臉上滿是驕傲。

這時，小吏在一旁努力地將一件件逃亡時帶出的物品搬上船。

重耳一看卻哈哈大笑說：「你未免太小家子氣了吧！想我重耳今天就要回晉國當國君了，未來掌握了一國生殺大權，想要什麼就有什麼，你何必這麼辛苦地搬運這些破東西呢？丟了它吧！」

看著這些東西一個個被扔入河裡，隨行的狐偃心中十分感嘆，

心想：「公子還沒有得到富貴便忘了貧賤時的遭遇。等他回國之後，想必也會喜新厭舊，忘了這些曾經陪他共患難的人。」

看著那些舊東西一件件沉入河底，狐偃忽然跪倒在重耳面前，接著拿出秦穆公贈送的玉璧說：「公子，今天您就要回到晉國了，國內已有諸位大臣輔佐，國外也有秦國支持，您已經沒什麼好愁慮的了。如今我是否要繼續跟隨公子已經不重要了。不過，我很願意留在秦國，繼續做公子在國外的臣子，這對玉璧是否能賜與我，作為臨別的禮物呢？」

重耳一聽，連忙上前扶起狐偃，問道：「您為什麼不隨我回晉國呢？」

狐偃笑著回答：「其實，臣有三項罪過。第一，賢臣可以使君主尊貴，並讓君主平安，但微臣無能，竟然讓公子在外飄零十九年；再者，我曾經讓公子在營國受到侮辱；第三過是，我曾乘著公子喝醉時，偷偷將您運出齊國，以致引得公子生氣。如今，微臣的任務已經完成，公子就要回晉國了，臣奔波了這麼多年，早已心力交瘁，一如那些丟入河裡的破東西一般，早就沒有什麼用處了，所以請求您讓臣子留在秦國吧！」

重耳聽完狐偃這番話，忽地恍然大悟。一瞬間，十九年來的勞碌奔波全部憶起，接著流下了眼淚說：「先生，您教訓得太好了，這件事是我的錯。」

於是，他立即命人把丟掉的東西全部撿了回來，接著卻將這對玉璧往黃河裡扔去，他說：「今天，我們以黃河為證，我重耳回到晉國後若是不念舊情，不與臣子同心治國，子孫將不得善終。」

　　「共患難易，共享福難」這是許多人在幾經人性考驗後的結論。眾人齊心努力，最後結果再好也是枉然，因為當達到了目標時，人們卻反而拋棄舊情，深陷醜惡的人性爭戰之中，好事成了壞事。再幾經爭名奪利之後恩斷義絕，人們再次地跌到了谷底，那些明明到手的成功也全部消失。

　　所以，狐偃巧妙地以退為進，提點著重耳：「**不要遺忘有福同享的重要，因為忘恩負義往往是下一場失敗的開端！**」

　　能夠無私分享的人，因為隨時關照別人的心，才能在他快樂之時也得到相同的共鳴。就像重耳與狐偃一般，不遺棄身邊的患難之交，不忘記曾經歷的辛苦，我們才能穩坐眼前的成功寶座，當然也更能擁有永久支持、患難與共的好朋友。

凡事先把話說在前面

朋友之間合作事業最好能避就避，如果非得合作，那麼在工作上，你們便要分得比一般同事更加清楚。如此才能免除許多不必要的依賴與糾結。

　　朋友之間合作，經常因為面子問題或感情因素，以致於許多利益上的問題老說不清楚。大家又礙於情面，即使利益分配不公，也不好討價還價，如此一來，不滿的情緒便開始累積了。

　　因此，想和朋友合作愉快，凡事都要把話說在前頭，而不是等情緒累積到滿溢時才宣洩出來，這不僅只會兩敗俱傷，更徒讓人們看笑話而已。

　　兩年前，雷諾和幾個老同學合資開了一間公司。一開始大家十分配合，而且個個都幹勁十足、熱情洋溢。

　　但是，熬過了最忙碌的苦日子之後，大家也開始計較利益回收的問題了，雖然大家的股份都一樣，形式上也有法人在管理，但是一提到公司日後該由誰「領導」，似乎誰也不願讓誰。

　　說好都是朋友，也說好大家要互相幫忙，更說好要有福共享有難同當，但是一把問題擺上桌討論，每個人都認為自己的意見才是最正確的，也認為自己才能帶給大家最好的收益。有人就說：「要我出多少錢都可以，只要你們都聽我的！」

沒想到，大家各自為政，對於這個問題他們始終僵持不下。

最後，他們不得不將公司解散了，當初的理想與計劃也只得回到原計劃者的手中，各自奮鬥。很奇怪的是，各自為政後他們反而更能相互溝通與幫忙，朋友之間的情誼似乎也更加緊密了，效率更是出奇的高！

雷諾對他這群朋友的評論是：「朋友分為很多種，有的可以一塊享樂，有的可以共事，當然也不乏生死之交的友情。不過，無論是哪一種情況，許多人都很容易忽略了一點，那便是千萬別把朋友和工作繫在一塊。因為好朋友不一定能成為好同事，而同事更不容易成為你的知心好友！」

聽見雷諾這麼評論，相信有許多人都要忍不住地用力點頭吧！

儘管朋友是生命的一部份，但是朋友最講究的卻是志同道合，和絕不受利益所干擾。但是，前者原本就不容易了，更何況是後者？畢竟人與人之間，一旦涉及利益糾葛，好朋友也要成為仇人。

其實，同事與朋友之間最大的不同處，便在於同事關係只有一個目標，就是要為公司帶來最大利益，彼此之間的依存關係其實正關乎公司的興衰。

也因此在這個由陌生到熟悉的過程中，同事之間的情誼再好，也始終保有一定的距離，彼此之間的關係才不會因為升遷而出現變化。畢竟大家都知道，這是個以實力來分等級的環境，在每個人心中都有一定的遊戲規則。

然而從朋友發展到同事卻不同了。也許剛起步時，大家還無暇計較利益得失，一旦成功了，付出的多少便會一一浮上檯面。原本是平等的交誼，忽然變化成為從屬關係時，即使是知交好友

也難免產生芥蒂。

　　所以我們常說，從同事發展為朋友容易，但想從朋友變成同事恐怕會發生許多困擾，因為彼此心中始終有一個疙瘩：「因為我太了解他！」

　　所以，朋友之間合作事業最好能避就避，如果非得合作，那麼在工作上，你們便要分得比一般同事更加清楚。如此才能免除許多不必要的依賴與糾結，或是因為立場不同而導致好友反目。

放寬胸襟便能容納一切

一旦心中無法「放下」，我們當然會困守在
無謂的小事中，鬱鬱寡歡，甚至有志難伸。

　　生命的路，其實一直都很寬廣，只是走在道路上的人們自己
把它畫窄了。

　　許多人以爲路窄一點才不會走偏走歪了，或者以爲掌控的範
圍窄一些，才不會遺失目前所有擁有的一切。殊不知，人生的視
野一旦變窄，那麼他們所能盡情揮灑的空間也將變小。

　　在秦晉激戰的緊要關頭，晉國的軍隊忽然一陣大亂。只見外
圍殺進了幾百個人，他們全是蓬頭赤膊的鄉野村夫，腳上套著簡
陋的草鞋，手中則緊握著大刀，一看見了晉軍士兵便大刀猛砍。

　　轉眼間，這群猛夫已經衝到了秦穆公面前，他們邊戰邊退，
一路上還層層護衛著秦穆公，當晉軍企圖再包圍秦穆公時，晉軍
士兵卻忽然全部退下。

　　原來是猛將公孫枝乘著戰車衝了出來，手裡還緊緊地抓晉惠
公的脖子，晉軍一看見君主被抓了，不得不立即放下武器投降。

　　秦穆公大獲全勝，一回到營中，他便立即詢問那群助戰的壯
士來歷。

　　頭目說：「大王，您還記得當年丟失好馬嗎？我們就是那群偷馬人啊！」

　　秦穆公一聽，才想起了當年的往事。

　　十年前的某一天，秦穆公帶著最鍾愛的八匹駿馬上山打獵，白天他們玩得很開心，晚上則在山上紮營休息。半夜時，穆公忽然聽見馬兒的嘶叫聲，不一會兒工夫便有人來報告：「八匹駿馬被偷了！」

　　秦穆公一聽，連忙命人搜尋，不久有位官員回報說：「山腳下有三百多個野人正在烤馬肉吃，因為我看見旁邊還有馬兒的皮毛。」

　　沒想到原本心急不已的秦穆公，這會兒卻說：「是嗎？唉，算了，馬兒都已經死了，殺了他們也沒有用。他們想來是餓壞了，我若是為了畜牲而殺人，百姓們一定會批評寡人只看重畜牲，不重人命。」

　　接著，他吩咐下人：「你們把帶來的好酒送去給他們喝吧！」

　　使者把美酒帶到這群野人的面前說：「我國君主說，吃馬肉如果不喝酒，恐怕會傷身體，這些酒是要賞賜給你們的。」

　　野人們一聽，全跪了下來，說：「君王真是賢德。我們偷了他的馬，他居然一點也不怪罪，還賞賜給我們這麼多美酒。如此恩情我們一定會回報的！」

　　所以，當他們聽見秦穆公親自帶兵討伐晉國時，便立即趕到戰場，希望能為秦國效勞，沒想到卻救了秦穆公的性命。

　　就像秦穆公所說的，事情都已經發生了，再多的責罰也換不回馬兒的性命。更何況偷馬者不過是鄉野村夫而已，如此善體人

意也正是秦穆公的過人之處。

　　一個能做大事的人自然懂得忍人所不能忍。面對著摯愛的八匹駿馬被殺，秦穆公不僅沒有下令追捕，反而以寬廣的胸襟理解偷馬者的需要，的確難能可貴。一個轉念「放下」，不僅讓他保住了仁君的名聲，還贏得了一群驍勇善戰的烈士。

　　這雖然是一則攸關國家興亡的故事，然而其中的旨意卻能用於平常，那便是學會「放下」與懂得衡量事情的輕重緩急。

　　我們轉換個場景，來到日常生活中，試著回想我們與人爭吵是為了些什麼原因？是為了微小的損失與人斤斤計較？甚至是脾氣暴躁地與人爭吵賭氣？

　　許多人經常會為了一些芝麻綠豆的小事爭吵，也老是被一些可有可無的外在事物所牽制。一旦心中無法「放下」，又或是分不清楚事情的嚴重，我們當然會困守在無謂的小事中，鬱鬱寡歡，甚至有志難伸。

　　秦穆公在故事中告訴我們，他的成就在於這段話：「放寬心胸，因為許多重要的關頭還未度過，我們哪有心思再煩惱那些瑣碎小事？用心評估事情的輕重緩急，因為成敗往往就在一個轉念之間。」

不怕沒機會，只怕沒本事

希望找到「對的人」，總是需要一點時間等待，挑選時別忘了多點誠意與氣度，好魚兒自然會蜂擁而來，全數上鉤。

每個人都有非常多的機會，然而我們可以把握多少？自己又有多少本事？

其實，機會從來不怕你來搶奪，只怕你在搶到手後，卻沒有本事好好把握它。

當年，姜太公會來到渭水岸邊隱居，不只是因為受不了紂王的殘暴，還希望能尋找明君來拯救世人。居住在渭水一帶的西伯姬昌，正是他心目中的第一人選。

當時，姜太公為了吸引姬昌的注意，他故意垂著直立的魚鉤，且魚鉤離水三寸之遠，每天靜靜地坐在河邊垂釣。這樣奇怪的釣魚方法當然引起人們的注意與議論，不久，如此奇人奇事便傳進了姬昌的耳裡。

他心想：「此人必定是個奇人！」

於是，他立即命兒子姬發至河邊，邀姜太公入宮一聚。

不料，當姬發出現在河邊時，姜子牙卻是滿臉不屑的神情，嘴裡還喃喃地說著：「唉，怎麼魚兒不上鉤，卻來了蝦蟹瞎胡

鬧！」

姬發拜託了許久，卻怎麼也請不動姜太公，最後只得空著手向姬昌回報。

姬昌聽完解釋之後，反而更加確定了此奇人的獨特。

翌日，姬昌親自來到岸邊討教，遠遠地便聽見了姜太公的叫喊聲：「不想活的魚兒，請上鉤吧！」

姬昌一聽，立即謙恭地上前詢問：「魚鉤離水三寸，如何釣得到魚呢？」

「願者上鉤！」姜太公答道。

姬昌發現他見識非凡，於是轉而議論時政，從中他們慢慢地建立起相互的信任。

最後，姬昌表示自己平定天下的宏願，姜太公也清楚表明願意全力輔佐的心跡。

就這樣，姬昌拜姜太公為國師，日後姬昌平定犬戎，追諡為文王，是中國古代著名的賢君。姜太公則是文王及其子周武王二代的輔國重臣，明君能臣功蹟卓著。

「賢才不易尋，知音更是難覓」，無論姜太公還是周文王，為了找到真正的知音，在拿捏「先退後進」或「先進後退」時，每每沈吟考慮再三，等了又等。

畢竟，沒有經過考驗，雙方都很難知道彼此的誠意與本事，雖然有考驗，但是正如姜太公所表現的，只要有悟性，只要緣份夠，魚兒必定願意上鉤的。

回到現實生活中，我們是否應該問一問自己有多少本事能夠讓人積極爭取，成為為團體效力的一份子呢？

　　有實力的人不怕寂寞，因為一定會有慧眼獨具的人，能看見你的才能與天份。

　　至於正積極尋求突破的經營者，也別擔心缺乏好的人才參與協助事業。希望找到「對的人」，總是需要一點時間等待，挑選時別忘了多點誠意與氣度，好魚兒自然會蜂擁而來，全數上鉤。

放對位子才能讓實力真正發揮

對每個人來說，放對位子絕對比頭銜高低還
重要。只要能力用對了地方，生活肯定比擁
有一時的浮名來得踏實。

與其擔心自己的位置不夠高，不如小心避免坐錯了位子。畢
竟一旦被放錯了位子，無論我們的實力多麼強，恐怕也有志難伸。

所以，真正有實力的人從來都不期待掌握大權，也不會汲汲
營營於抬高位階，因為他們知道，只要站對了位子，人們自然會
看見他們的實力。

大德是一家電腦軟體公司的經理，因為長久經營下來，公司
一直處於虧損的狀態，雖然他曾努力地想突破，無奈老天爺怎麼
也不願意拉他一把。

不久，有位高層主管對他說：「大德，如果你還想不出解決
辦法，那你隨時都可以收拾私人的物品、打包回家了。」

大德一聽，知道公司想解僱他，臉色一沉說：「我知道了。」

上司離開後，大德抱著頭思索著：「唉，這究竟該怎麼辦？
要是離開了這裡，我還能往哪裡去呢？」

「大德經理……」有位電腦工程師走了進來，且一連叫了大
德好幾聲，不過正被煩惱佔據心神的大德，似乎沒有聽見他的叫

喊。

「經理！」工程師來到大德的面前，用力地叫了一聲。

「什麼！」大德似乎被嚇著了，反射性地回應了一聲。

工程師禮貌地說：「經理，這是我剛研發出來的新軟體操作系統，我們試用過之後發現，這套軟體十分方便，應當會受到人們的歡迎。」

「是嗎？好，你馬上叫大家來開會。」大德眼睛一亮，似乎希望重燃。

新產品很快地便推出，結果更超越了大德所期望的成績。新產品熱賣的好處，不僅提升了工程師的身價，更穩住了大德的經理寶座。

雖然工程師不知自己救了大德一命，但是大德的感激卻一直謹記心中，為了表示心中的感謝，他對工程師說：「我準備向總公司提議，擢升你為研發部門的經理，你認為如何？」

沒想到工程師卻毫不考慮就婉謝了他的好意：「謝謝經理的肯定，但是請允許我拒絕這樣的機會。因為我很清楚自己的能力和興趣。我天生只適合當個電腦工程師，也只想埋首在電腦裡工作中，我不是個管理人才，所以請您千萬別升我的職，那只會浪費了大家的時間。對不起，我手上正在研究一個程式，可不可以讓我回到電腦桌前呢？」

大德點了點頭，感激地說：「我明白了，你去忙吧！總之，謝謝你，如果你有任何需要就告訴我吧！」

「權」與「利」經常是評量人生成就的標準，然而，「權」和「利」卻也經常是讓人們錯估人生方向的盲點。

對每個人來說，放對位子絕對比頭銜高低還重要。只要能力用對了地方，生活肯定比擁有一時的浮名來得踏實。所以，正如故事中電腦工程師般，聰明人從來都不會在意名利的有無，他們只要有個安穩的伸展舞台，能夠好好地發揮自己的實力，便等於擁有了人們所欣羨的一切。

「退」不一定是保守，「進」也不一定有開創。生活思考多轉幾個彎，我們才能準確地發揮長才。

電腦工程師對經理有著這樣的期待：「與其給我更高的職稱，不如給我多一點支持力量，讓我能安心地在現在的工作位子上，發揮所長。」

從中我們也得到了新的啓發。原來，人生中最重要的事不在於擁有響亮的名聲或頭銜，而是找到最適合我們坐下的位子，一個能讓我們安身立命，享受到豐富生活的最適當的位子。

7.

不要被你最信任的人操縱

對於人的信任不要全心投入，
再親近的人也要有些保留，
畢竟真正肯犧牲自己
成全別人的人從來屈指可數。

幽默感與風度有絕對的關聯性

用幽默處理事情能避免衝突的發生，還能反
客為主，把問題轉變成為反擊對手的輔助利
器。

　　法國文豪巴爾札克曾經寫道：「世上所有德性高尚的聖人，
都能忍受凡人的刻薄和侮辱。」

　　就算你不想當聖人，至少也要設法當個受歡迎的人，遇到那
些言行刻薄的人，也要懂得恰當地回應，才不至於將氣氛鬧僵。

　　你想成為人見人愛的交往對象嗎？

　　那麼，就別再與人怒目相向，也不要再任由情緒隨時爆發。
忍住想破口大罵的情緒，冷靜你的脾氣，在情緒高漲前提醒自己：
「要微笑！」

　　喜歡用微笑與幽默來解決事情的人，很難不吸引人的目光。

　　因為，從他們的身上，我們都會感受到隱身在微笑背後「與
人為善的本意」，以及潛藏在幽默話語裡的「握手言和的誠意」。

　　俄國詩人普希金年輕的時候，有一天參加了一場舞會。在會
場中，他被一位美麗的女孩所吸引，於是緩緩地走向女孩面前，
接著禮貌地邀請女孩共舞。

　　未料，這個女孩滿臉傲慢地說：「不，我不能和小孩子一塊

跳舞！」

被恥笑為「小孩子」的普希金，對於這個不禮貌的回應一點也不生氣。他還是保持風度，很有禮貌地鞠了躬，接著微笑說：「對不起，親愛的小姐，我不知道您懷著孩子啊！」

說完，普希金便離開了。至於原本態度高傲，遭到反諷的驕傲女孩，一時間居然被這句話塞得啞口無言。

還有一次，普希金應邀到某地方演講，演說之時，忽然有個孩子走上來對他說：「普希金先生，我非常喜歡您和您的書喔！請問我可不可以用您的名字，為我的小獅子狗命名呢？」

天真孩子的童言童語登時引來哄堂大笑。當然這個孩子並無惡意，不過這樣的提問對普希金來說還是有些難堪。

於是，他笑了笑說：「孩子，我的確贊成你的意見。不過，有一件事很重要，你別忘了先問小獅子狗，看看牠對這個名字是否滿意喔！」

說完，現場再度響起了一陣哄堂大笑。

古羅馬思想家西塞羅論及言談的藝術時說：「**玩笑與幽默會給人帶來樂趣，而且常常可以產生巨大的作用。**」

從普希金的這兩則軼事，我們不難得到印證。

這兩則幽默例子，不僅表現出詩人的生活睿智，更突顯他待人處事的紳士風度。

在應對女孩失禮的態度時，他的幽默嘲諷反而產生更深刻的省思作用；在面對童言無忌的提問中，那個幽默的玩笑確實輕鬆地化解了他的尷尬處境。從中我們更可以預料到，因為這些幽默表現反而會更提升他的名氣。

在這個「智」與「禮」兼顧的幽默故事中，不僅讓我們看見了用幽默來解決問題時的趣味，更讓我們明白了，原來用幽默處理事情更能避免衝突的發生，還能反客為主，把問題轉變成為反擊對手的輔助利器。

培養幽默感其實並不難，只要我們從掌握個人的情緒開始，要求自己凡事都要冷靜處理，那麼不管什麼樣困難或尷尬的問題找上門，我們自然懂得如何用更有趣的角度去分析解決。

耐心等待你成功的轉機

不要著急成功，先退一步看清楚前方目標，用心地規劃出進度。不想跌得一蹶不振，那麼我們寧可靜靜等待下一個前進的最佳時機。

所謂成功的人，不是光只有能力、肯努力的人，而是指能夠審時度勢，用最正確的方法讓自己達成目的的人。

人很難靠單打獨鬥而成功，遇到可以協助自己的人才，不要害怕或惱怒對方的拒絕，應該先保持與對方的友好關係，然後在適當的時機尋求援助。

相對的，別擔心你的才能無法發揮，也無須煩惱伯樂怎麼還未出現，因為所有的成功契機，都得先經歷一段耐心的磨練與時間的累積。

別擔心你多退後的一小步，也別煩惱你多付出的，因為在你我退一步深思熟慮與加倍付出之後，才能採擷下一顆顆汁多味美的漂亮成果。

為了請出隱士李泌做輔國大臣，唐肅宗可說是費盡了心思。因為個性倔強的李泌非常排斥烏紗帽，無論人們怎麼勸說，他永遠都是一個「不」字。

「既然求不來，那麼只好用騙的囉！」唐肅宗似乎想到了一

個方法。

　　這天他請李泌進宮，再度對他說：「李先生，請您接下宰相之位吧！」

　　李泌當然連忙推辭：「皇上，感謝您屈尊相待，小的很願意在您的身邊隨時提供意見，只要小的一有計謀必定立即呈報，但這並不一定非得授官吧！」

　　儘管唐肅宗的臉上出現了一副無可奈何的神情，但是，事實上他心中正竊笑著：「太好了，總算讓李泌前進一步了，接下來我只要處處依賴他，再找時機引誘他接受官職就行了。」

　　從此，唐肅宗幾乎事事都向李泌請教，而且是言聽計從，這讓李泌面對唐肅宗的禮遇，心中越來越感到不好意思。

　　肅宗的心中當然很期待李泌願意穿上紫袍官服，名正言順地成為他的臣子，永遠效忠於己，但是要讓李泌願意穿上官服可說是比登天還難。

　　不久，唐肅宗詔令長子廣平王東征安祿山，為求勝算，便指派一位謀臣與他同行，當然，這個機會非李泌莫屬。

　　於是，肅宗便對李泌說：「先生，您雖然可以白衣事朕，然而先生幾天前與朕一同檢閱軍隊後，宮中便傳出有軍士說，黃衣為聖人，白衣為山人，怎麼可以混在一起？朕確實很需要先生的謀策，但是又得讓軍士們信服你，因此為免士兵們心生疑雲，想請先生勉強穿上紫袍幾天，好免除大家的議論。」

　　李泌心想：「身著百姓衣服，夾雜在各將領中確實突兀，甚至引人注目，不如暫時披件朝服，也許真的能省下這些無謂的議論。」

　　於是，李泌便答應了肅宗的要求，換穿上紫色官袍。

　　然而，就在這個時候，肅宗忽然變了臉色，只見他面帶嚴肅

地對李泌說：「愛卿既然都已經穿上了官服，豈能沒有官位呢？」

說著，他立即把手中的敕文交給李泌。

李泌一看，上面竟寫著「官拜軍國元帥府行軍長史」，上面清楚蓋了鎮國大印。

望著親自接下的聖旨，李泌當然知道君命難違，更何況官服是他自願穿上的，如今不過是再加個官名罷了。

這一切看來早已謀定，「行軍長史」看來是逃不了了。

「吾皇萬歲萬萬歲！」李泌唯有恭敬地領旨了。

李泌答應了唐肅宗的請託，從此正式在朝為官，在平定安史之亂時更為自己與唐代寫下了重要事蹟。

好人才難得，遇到了怎能輕易放過？因此對求才若渴的唐肅宗來說，足智多謀的李泌當然是他必須爭取的佐臣。然而，對排斥權位的李泌來說，官場上的是非與諸多約束實在遠不如隱士生活的自在逍遙。

不過，能者永遠多勞，即使他有心退隱，他的智慧與才情始終都無法隱匿於世。因此眼光銳利的唐肅宗一直緊盯著他，不願意讓李泌脫離視線。

因為君王愛才惜才，更因為國家需要人才，所以唐肅宗小心網羅李泌入朝為官，還巧計誘引李泌心甘情願地坐上官位，從此一心效忠。

肅宗先尊重退讓再執行計謀，故意以無官身份所造成的非議，引誘李泌穿上官服以換取眾人的信服，最終再以皇上的威儀迫使李泌不得不接任官職。這樣巧妙的拉攏手腕確實令人佩服，而這也正是唐肅宗的成功之道。

　　雖然這是政治謀略濃厚的手法，然而在現實生活之中卻也相當受用。

　　換個角度，這個手法便適用於現代的成功宗旨：「不要著急成功，先退一步看清楚前方目標，用心地規劃出進度。不想跌得一蹶不振，那麼我們寧可靜靜等待下一個前進的最佳時機。」

體貼別人等於體貼自己

因為各自扮演的角色不同，很容易被自我的
主觀意識所圍限，許多人因為堅持己見，導
致不必要的衝突發生。

能夠為別人著想其實是一件很快樂的事。當心中充滿著諒解、
與人為善的念頭時，心情必然開闊，我們自己當然成了最大的受
益人！

擁有一顆願意體貼他人的心，那麼不管出現在眼前的事情多
麼棘手，我們都一定能互相體諒，攜手將問題解決。

只要願意為別人多想一想，我們便能讓生活中的每一件事都
有美好的結果。

巴森士是一位稅務顧問。有一年他與一位政府稽查員因為一
項九千元的問題帳單，發生了一點小爭執，為此他們爭論了快一
個小時。

因為，巴森士先生認為這筆九千元是一筆永遠支付不了的呆
帳，因為關係人已經死了，所以他認為這筆款項無須納稅。

但是，稽查員卻反駁說：「呆帳？胡說八道，就算死了他也
要繳稅！」

巴森士先生事後每當說到這裡，所有人對這名稽查員立即都

產生了厭惡感。因為人們對於這些冷淡、固執又傲慢的稽查員向來沒有好感，而會下一個評注：「他真是個不可理喻的傢伙！」

所幸，事情並沒有在這裡就結束了。

最後，巴森士先生冷靜思考後，心想：「如果我們兩個再這麼辯論下去，只會讓事情越鬧越僵，這個性格固執的稽查員也一定會越來頑固。嗯，我還是先停戰吧！換個主題，如果對他專業能力多一點讚美的話，也許事情會有改變。」

巴森士先生靜思期中，原來的火爆氣氛很明顯地緩和了許多，特別是說了一段話後，兩個人竟慢慢地閒話家常了起來。

巴森士先生相當謙虛地對稽查員說：「我這件小事與你平日必須做出的大決定相比，應該微不足道吧！其實，我也曾經研究過稅收的問題，但是我只能從書本中得到相關的知識，無法像你一樣可以從實務工作中獲得經驗。唉，身為一個稅務顧問，其實我很希望能像你一樣，從最基本的工作開始，畢竟這份工作是相當專業的領域，有了這樣的經驗更有助於我計算納稅的正確性。最重要的是，這樣的工作可以教會我許多課本上學不到的東西，是吧？」

稽查員聽見巴森士說得那麼誠懇，原來的情緒全都換成了感動。因為大多數人對稽查人員的態度不是冷眼相待，便是不屑一顧，沒有人像巴森士這樣尊敬他們的專業身份，也願意換個角度為他們著想。

聽完巴森士的話，稽查員立即從椅子上跳起來，接著滔滔不絕地說他的工作經歷，也提到了他曾經發現的舞弊情況。慢慢地，稽查員的聲調變得越來越友善了，片刻之後，他的話題居然拉到了他的孩子身上。

分享完彼此的故事之後，稽查員在離開之前忽然對巴森士說：

「我會再審慎考慮你剛剛提的那個問題。」

三天之後，稽查員親自出現在巴森士的辦公室裡，並帶來了一個好消息：「依照你所填寫的申請資料，我已經把這個案子辦理完成了。」

人與人之間哪有那麼多對立和爭執？各退一步真的有那麼難嗎？巴森士的退讓不正是最好的證明？無關讚美與客套，是他換個角度替別人想，然後才找出讓彼此可以各退一步的溝通空間。

在社會上，我們每天要面對多少人根本無法計數，唯獨一樣東西我們可以掌握住，那便是每一次與人溝通互動的機會。

巴森士與稽查員為了稅務各自表述的例子，其實就像我們和他人的關係一樣，都是各盡其力，也各取所需。然而，也因為各自扮演的角色不同，因此很容易被自我主觀意識所囿限，於是在不同的角度中，許多人因為堅持己見，導致不必要的衝突發生。

當巴森士從據理力爭的態度中退讓，轉而從稽查員的角度看這件事，他反而更能體會出稽查人員工作上的壓力與不得已之處。

再反觀稽查員，他在巴森士的體諒話語中，也慢慢地學會了將心比心，對於稅務顧問在納稅人的期望下，必須多為他們爭取權利的心情，他也感同身受。

於是，故事結果便在兩個互相體諒的心意中圓滿結束。所有的工作都不輕鬆，每一個堅守自己崗位的人，無不希望獲得肯定與體貼，因此當我們想擺著臭臉對人時，別忘了先想一想，換做是我們自己，遇見了這樣不禮貌且不體貼的動作時，工作心情難道不會大受影響嗎？

學習用更多元的角度看事情

只要我們能打破制式的觀念，能夠讓思考再
靈活一點，自然能讓每件麻煩事都往好的方
向變通。

　　喜歡聽好聽的話，是人性根深柢固的弱點之一。

　　只要是想討人歡心，我們幾乎不得不說些動聽的話語，成功
與失敗的關鍵就在於從更多元的角度看待事物，然後以更寬闊的
視野解讀。

　　成功的語言就在於，你懂不懂得把稀鬆平常的事或不那麼上
得了檯面的事，說得彷彿是了不起的大事。

　　每當你思考或是想與人分享生活領悟之時，不要只糾結在某
個癥結上苦思。因為，生活中最重要的成就，不是知識累積了多
少，而是你能不能將所學靈活運用。

　　懂得用更多元的角度來感受世界，也知道用更靈活的思考來
尋找啟發，我們便會知道：「人生最重要的成功，不是你擁有了
多少響亮名聲與財富，而是你在這段漫長的經歷中，開拓多麼寬
廣的人生視野！」

　　這天，王夫人抱著剛滿週歲的孩子出來抓週。大廳那兒也早
已賓客滿堂，他們全專注地望著桌上琳瑯滿目的物品沈思著，因

爲他們得先想一想，當小孩抓到其中某樣東西的時候，他們得說些什麼合適的吉祥話。

誰知，這個小男孩十分好動，當他一被放到桌邊，便著急地抓住桌上的東西，開開心心地玩樂了起來。

雖然孩子很開心，可是大人卻一點也樂不起來。因爲，小少爺對桌案上的文房四寶和金元寶一點興趣也沒有，反而對客人們身邊的酒壺充滿了興趣，只見他伸手一抓，便抓住了桌邊的酒壺。還有另一隻手也沒閒著，不一會兒的工夫，在他的手上又多了一把掃帚。

「酒壺！掃帚？」

這果然是道難題，大多數人只想得到文房四寶或元寶的讚美詞，如今遇到這個情況，總不好說是「酒鬼」或「清道夫」吧！

那該怎麼辦呢？現場所有人見狀一陣靜默。就在這個時候，有個書生說話了：「老爺，真是可喜可賀啊！小少爺果然出手不凡，他對桌上的俗物一律視若無睹，偏取酒壺，看來他肯定是詩仙李白的接班人，將來必定是個斗酒詩百篇的奇才啊！您再看看他手中的掃帚，將來他必定會像秦王一樣橫掃六合，是個樂於匡扶社稷之才！太好了，少爺將來肯定是個氣度非凡的人！」

現場賓客一聽，無不連聲叫好，因爲原本僵住的空氣，如今在他的巧思下重拾歡樂抓週的氣氛，特別是王老爺與王夫人總算笑逐顏開。

圓滑周到的巧妙言辭，幽默有趣的引伸想像，書生巧妙地爲深陷苦思的賓客們打了個圓場，不僅顧及了喜慶的氣氛，更兼顧了賓主們的面子問題。

把「酒與掃帚」聯想成為「詩與橫掃天下」，這樣的組合確實巧妙。故事中的書生善用機智，讓原本沒有任何必然聯繫的組合串成了意義非凡的新論，更讓原本將來被宣告否定的孩子有了光明的前途。

看著笑逐顏開的老爺夫人，我們也看見了書生的智慧。其實，箇中技巧只有「變通想像」，只要我們能打破制式的觀念，能夠讓思考再靈活一點，自然能像書生一般，讓每件麻煩事都能往好的方向變通。

只要一個轉念，就能朝往成功的目標前進。

知足，才能享受真正的幸福

擁有越多，我們的生活負擔也越重，也越容易讓自己受困於貪婪的陷阱。懂得知足，才會有真正的平安幸福。

大多數人都知道，錢財與虛名易得也易失，然而大多數人卻還是會迷失其中。

究其原因，不難發現是「虛榮心」在作祟。為了享受人們的羨慕眼光，也為了得到人們的阿諛奉承，他們拼了命地佔有，也拼了命地巴望其他得不到的東西，只是這樣「不滿足」的生活有何幸福可言呢？

陰麗華與漢光武帝劉秀同是南陽新野人。以美貌聞名於鄉里的陰麗華，令許多男子傾心，其中也包含了劉秀。

當時，劉秀還是個清貧的農家子弟，因為愛慕佳人，曾對天發誓說：「做官當做執金吾，娶妻當得陰麗華。」

不久之後，他終於如願以償。那時陰麗華正值雙十年華，不僅與劉秀貧賤相交，最後更心甘情願地與他結為夫妻。

劉秀稱帝後，立即準備要冊立她為皇后，然而陰麗華卻以自己未曾生育，婉謝了劉秀的寵愛，並將后座讓給晚她一年嫁與劉秀的郭氏。

　　光武帝建武九年，陰麗華的母親和弟弟不幸遭強盜殺害，與陰家親近的劉秀十分傷心。為了彌補這一切，決定要封陰麗華的另一個弟弟陰就為侯。

　　當陰就來到大堂時，劉秀的大印已經握在手中，準備正式冊封陰就為侯王。

　　沒想到，陰就卻對他說：「臣連衝鋒陷陣的經驗都沒有，更別提建立任何功績了。雖然皇上疼愛我們陰家，但是一味地封侯封地給我們，恐怕只會令天下人對我們陰家產生怨恨啊！」

　　劉秀聽完後，也覺得很有道理，只好說：「那朕就不勉強你了。」

　　陰麗華知道這件事後，便找來陰就詢問原因。陰就感慨地說：「外戚之家最令人憂慮的地方是不懂得謙讓。古今外戚之家到後來，不是嫁女非要王侯不可，就是娶妻非要公主不可，這些歷史故事最後的下場無不淒慘可憐。唉！富貴總有盡頭，不懂得知足，過度炫耀奢華的人，最終必定會遭天下人的議論啊！姐姐，妳希望我們陰家落到如此田地嗎？」

　　陰麗華點了點頭，對於弟弟的這番話非常感動。從此，她變得更加謙恭謹慎，甚至完全拒絕自家人的求官請託。這個觀念的轉變也換得她的一生平順，從未遇到任何宮幃裡的是非災難。

　　晚年，陰麗華還是坐上屬於她的皇后之位，陰氏家族也個個平安富貴。

　　原來的郭皇后正是因為不知滿足，經常支持自家人結黨營私，後來事跡敗露，郭家不僅從此家道沒落，更累得郭氏的后位最終被罷黜。

　　貪欲無窮盡的人，從不正視「慾望滿足得了一時，卻滿足不了一世」的事實，殊不知人生終有盡頭，富貴當然也不例外。

　　關於那些汲汲營營於權與利中的人，因為喜新厭舊的性格，也因為貪婪，以致於很多人在尚未享受到掠奪到的東西前，便又失去了這一切。

　　因此，陰就在對陰麗華解說原因的時候，其實也提醒著後人們：「擁有越多，我們的生活負擔也越重，也越容易讓自己受困於貪婪的陷阱。因此懂得什麼叫作知足，我們的未來也才能擁有真正的平安富貴。」

　　平安即是福，生活中最真實的財富也在「平安」。在人生的盡頭前，我們真正可以帶走的，不是那些沉重的錢財珍寶與不絕於耳的恭維聲，在闔上眼的時刻，我們真正可以掌握到的是一份心滿意足的平靜感受。

不要被你最信任的人操縱

對於人的信任不要全心投入，再親近的人也
要有些保留，畢竟真正肯犧牲自己成全別人
的人從來屈指可數。

所謂的絆腳石，往往是我們無法看見的阻礙。

石頭越大，我們越能清楚看見並繞道避開，反而是那些隱藏
在草叢中的小石頭，因為視線上的輕忽與雜草的遮掩，以致於我
們經常在誤踩而跌倒後，才發現它偽裝下的真實面貌，竟是個可
怕的危機。

人心叵測，我們或許不屑於汲汲營營爭取權利，但一定要知
道如何保護自己。

雖然，對於我們所信任的人不必完全疏遠，對於身邊的人事
物也無須刻意隔離，然而凡事都小心提防，確實是在這個偽善者
大量出沒的社會中必備的認知。

艾咪一直都不明白：「為什麼同事們會嫉妒我？」

這個問題確實令人費解，因為她完全沒想到，因為有個「好
上司」，反倒成為她人際溝通上的阻礙。

艾咪的上司理查斯是個極好的主管，不僅待人和善，而且對
艾咪這個助手更是體貼入微。對於艾咪提出的意見，他不僅完全

尊重而且樂於溝通，對艾咪的疼愛更是令其他員工嫉妒萬分。

像艾咪生日的時候，他從來都不會忘記送她一份小禮物，其他重要節日來臨時，他也不會忘記準備一份精美禮物給艾咪。深受感動的艾咪心想：「我一定要更加努力。我想，只要我有好的表現，理查斯先生必定會幫助我爭取晉升的機會。」

不久，有個部門出現遴選經理的機會，艾咪的努力果然受到肯定，高層也曾召見她，並聆聽她的工作意願。

然而，充滿信心的艾咪最終卻希望落空。這不僅令艾咪百思不解，那些認為她有著雄厚靠山的同事們也全部跌破眼鏡。

面對這個失敗，艾咪並未被擊倒，反而更加振作精神對自己說：「沒關係，繼續努力吧！艾咪！」

在此期間，理查斯先生也開始為自己的升遷而忙碌著，因為他盯上了副董事長的位子，對於艾咪的失望，他親切地安慰她：「我們一起努力吧！」

然而，無論艾咪怎麼努力，也不管理查斯先生怎麼大力相挺，艾咪始終都無法得到升遷的機會。在一次又一次的面談機會後，艾咪也一次又一次地承受失望的結果，最後更讓艾咪決定放棄了。

然而，就在她決定放棄後的某一天，她偶然發現一個真相。

原來，一直阻礙她坐上經理位子的人不是別人，正是她亦師亦友的好上司理查斯先生，正是這個受人尊敬的主管一直在暗中阻礙她的未來。

艾咪發現，每當其他部門主管向理查斯徵詢意見時，理查斯總是在一番讚揚後又暗示他們：「不過，艾咪還是有一些缺點，這個位置她恐怕還不適任。」

艾咪後來還發現，原來自私的理查斯是為了自己的晉升機會，而不願放手讓艾咪另謀發展。因為他自知，沒了艾咪的協助，他

根本無法坐上副董的位子，於是能力更勝於他的艾咪，便在理查斯暗中扯後腿之下，一直受困在小小的助理位上。

　　仔細思考，我們不難發現，意外幾乎都是在人們最無防備的情況下發生。一如艾咪的情況，對於我們絕對相信的人事物，大多數人不僅不會有任何防備，還會有強烈的依賴，因為「相信他」，所以我們從不心存懷疑。

　　問題是，生活中許多情況都令人難以預料，特別是難測的人心。於是，許多人都會像艾咪一樣，傷心地面對背叛與別有企圖的狡猾人心。

　　那麼我們該怎麼辦？

　　其實很簡單，只要我們謹記「防人之心不可無」的道理，多一點防備，便能少一點受騙。對於人的信任不要全心投入，再親近的人也要有些保留，畢竟真正肯犧牲自己成全別人的人從來屈指可數。

與其裝模作樣，還不如挺身而出

許由沽名釣譽，等到別人上鉤了還來裝模作樣，想表示自己清高無為。如果真的不重名祿，自然是不會將這些事情放在心上的。

心理學家威廉·詹姆斯說過：「不管你知道多少金玉良言，不管你具備多好的條件，在機會降臨時，你若不具體運用，就不會有進步。自己有好的構想，而不貢獻出來，人生就不會改善。」

法國作家莫泊桑也認為：「我們應該憑工作、努力、忍耐、發明、想像、勤勞、技能和天才，使充滿草萊岩礫的地面變成可以居住的地方。」

我們每一個人都是這個世界中的一份子，當我們享有前人所遺留下來的一切，莫要忘記也應該貢獻出自己的一分心力。

如果每一個人都吝於付出，那麼世界將不再進步，而且會向下沉淪。如此，每一個未曾貢獻心力的人，都是罪人。

傳說上古時代的聖君堯帝年老時，想要將王位傳給賢明的人來繼位，因此派了許多人在民間打探消息。

當堯帝聽說了許由這號人物是個隱世的高人，便想把帝位讓給他。

於是，他派使者到許由隱居的箕山去邀請他。當使者來到箕

山，見到了許由，沒想到才說明了堯帝的意思，就被許由趕了出來。

許由說：「我不稀罕什麼帝位，你請回去吧！」

直到使者走後，許由越想越覺得使者所說的那些話污染了他的耳朵，於是，立刻跑到山下的潁水邊去掬水洗耳。

許由的朋友巢父也隱居在這裡，這時正巧牽著一頭牛來飲水，看見許由惱怒急躁的模樣，便問他在幹什麼。

許由便將方才發生的事情全告訴了巢父，並且說：「我聽進了這樣不乾不淨的話，怎麼能不趕快洗洗我清白的耳朵呢？」

結果巢父聽了只是冷笑一聲，譏諷說：「哼，誰叫你喜歡在外面招搖，造成名聲，現在惹出麻煩來了，那完全是你自己討來的，還洗什麼耳朵！算了吧，別沾汙了我小牛的嘴！」

說著，巢父便牽起小牛，逕直走向水流的上游去了。

巢父毫不留情、狠狠地嘲弄了許由一番，譏他若無心讓自己美名傳世，堯帝又何來消息，打算延攬他任官？

言下之意，乃是指許由沽名釣譽，等到別人上鉤了還要裝模作樣，想表示自己清高無為。如果真的不重名祿，自然是不會將這些事情放在心上的，即使聽到了也應該如過耳秋風，不留一絲痕跡。

然而，許由不僅無法忘情，還沈溺在讚譽之中，又想起自己應該對這些繁華沒有感覺，所以特地洗耳，不過是裝模作樣罷了。

像許由這樣欺世盜名的人，其實不但辜負了國家，也辜負了自己。如果他覺得堯做得不夠好，就應該真正採取行動去勸說、去導正，而不是躲在山裡期待別人自己會變好。

英國科學家赫胥黎說：「只要我們具有能改善事物的能力，我們的首要職責就是利用它，並訓練我們的全部智慧和能力，來為我們人類至高無上的事業服務。」

美國科學家富蘭克林也說：「我們享受著他人的發明給我們帶來的巨大好處，我們也必須樂於用自己的發明去為他人服務。」

如果不曾盡力的話，又有什麼權利去批評？

曾經有一位師長詢問班上同學為什麼不想去投票，老師說：「這樣豈不是浪費了自己的權利？」

但同學們卻覺得，既然沒有一個候選人是值得信賴的，又何必浪費時間？

老師神色一整說，這樣是不負責任的說法，如果覺得環境不夠好就要試著去改變環境，如果覺得沒有一個候選人能說出真正代表自己的意見，那麼何不自己挺身而出呢？國家社會是需要全民共同參與的，而不是輕易放棄，將事情交付在少數人手上，然後才在台下鼓譟耳語，於事無補。

忍不住想起歌德所說過的那句話：「生活就是這兩種事態的彰顯——想做而做不到，做得到卻不想做。」

只是，如果我們真的希望能夠一起邁向更美好的未來，或許我們第一個就該打破這種消極的態度。

願意做，就不會有做不到的事。

冰山難靠，靠自己最好

不要讓自己成為職海中的旱鴨子，老是載浮
載沉地要人拯救，或是拉著老闆的船不放，
船沉了的話還能活得了嗎？

　　想要成功，有時候不能只靠一個人的力量，尋找一個好環境，
遇見一位貴人，距離成功頂峰的路程無疑近了些。

　　有些人進入一個新環境之後，第一件事就會想要尋求一個可
靠的靠山。這當然是一個謀求成功的方法，但是，前提是得眼明
手快地找個穩當一點的靠山才行。否則，萬一靠到了冰山，可就
沒什麼保障了。

　　唐代就有過這麼一個「冰山難靠」的故事，證明在找靠山的
時候，萬一靠錯了山，可比無山可靠還慘。

　　大家都知道唐玄宗李隆基特別寵愛楊玉環，還封她為貴妃。
楊家也因此雞犬升天，她的堂兄楊國忠不但官運亨通，因此當上
了宰相，還兼領四十餘個節度使，一時間大權在握，連朝廷選任
的官吏都在他家裡私下決定。

　　當時，陝西有一個進士，名叫張彖，一直沒有機會當官。

　　他的朋友們見他官運多舛，都勸他去拜見楊國忠，只要能討
得楊國舅歡心，立刻就能升官發財。

可是，張象始終不去，反倒勸他的朋友說：「你們都把楊國忠看得像泰山一樣穩固，但我以為他不過是一座冰山罷了。將來天下有了動亂，他就會垮掉，好比冰山遇到太陽化掉一樣，到那時候你們就會失掉靠山了。」

不久，安祿山起兵叛亂，攻下京城長安。楊國忠隨同唐玄宗逃往四川，在馬嵬驛被士兵殺死，楊貴妃也被賜縊死，楊家這座靠山果然塌倒了。那些原本依附楊國忠權勢的人，紛紛散離以求自保，誰也靠不了誰。

所謂「靠山山倒，靠自己最好」就是這個意思。

坦白說，一味地想要依靠別人不如靠自己努力，因為如果靠山穩固，那也就算了，但世事難料，目前權勢在握的人，不見得能夠長久維持下去，如果沒有充實自己的實力，奠定好基礎，自己站得穩穩的，那麼等到依靠的勢力衰微或失敗，就失去所依，手足無措，更甚者就得跟著一起敗亡了。

有一句話說得很妙：「你不能把你的職業發展完全依賴於僱主，他可不會好到為你操心這些事的地步。」

這個說法倒與現在人的就業觀念頗為相符，員工們多半會開始為自己打算，只要符合自己的職涯規劃，不一定要在一家公司守到老死，而老闆也絕對不會要一個只會混吃等死的冗員。

以前的人重視忠誠，有些大公司還施行終身僱用制，總說：「只要你夠忠心，老闆是不會虧待你的。」可是，隨著一家家公司因應景氣而裁員縮編，甚至結束營業，證明了大難來時，再好的老闆也只能求自保而已。

如果員工只知道依附公司，一旦公司解散的時候，又該何去

何從呢？

　　不要讓自己成爲職海中的旱鴨子，老是載浮載沉地要人拯救，或是拉著老闆的船不放，船沉了的話還能活得了嗎？

　　茫茫海中等人來救，不知得等到何時？不如早一點學會游泳、鍛鍊泳技或者學著如何開船，反正自己先想辦法自救再說吧！

明白處境，才能險中求勝

身處兩大強敵之間，雖然處境尷尬，但是可
以令兩者相互制衡，互相牽制，倒也是險中
求生的一大良方。

《與成功有約》的作者史蒂芬‧柯維說：「大多數人往往分兩個觀點來看待問題：非強即弱、非輸即贏。但是這種思考問題的方式是有缺陷的，它建立在權力和地位上，而不是原則的基礎上。雙贏是建立在這樣的模式上，那就是有足夠的東西給每一個人，一個人取得成功，並不意味著別人就無法取得成功。」

這是個很有意思的見解，我們往往會認為一旦別人贏了，就是代表自己的失敗，殊不知我們所需要追求的是自己的成功，而不必去負擔別人是成功或失敗。能夠透過處理事情的技巧，讓大家都贏，無形中也減少自己失敗的可能性。

商業和政治環境裡，有所謂的「老二哲學」，亦即避開領導者鋒芒，不與其正面交鋒，進而取得第二名的地位，再想辦法伺機瓜分第一名的既得勢力。

然而，當你沒有機會爭第一或第二，甚至可能被兩方的勢力漩渦捲入，為了求生存，恐怕只有兩頭牽制，方能險中求生了。

春秋時代，晉和楚都是大國，軍事力量十分強大，兩國也都

想成為中原霸主，因此不斷有互相角力的情事發生。當時國土夾在兩國當中的鄭國國力較弱，首當其衝。晉國和楚國為了擴大自己的勢力範圍，都想找機會把鄭國變成自己的附庸國。

有一次，晉靈公為了擴大影響力，進而稱霸諸侯，便在鄭國附近召集鄰近小國前來開會，企圖製造聲勢。

鄭國因地處晉楚之間，既不願得罪晉國，也怕得罪楚國，所以只得藉口不去參與其會。

晉靈公見鄭國沒來開會，便公開說鄭國對晉有二心，對此大表不滿，鄭國得知後也為此感到惶恐不安。

鄭國的國君鄭穆公害怕遭到晉國伺機報復，又不願意輕舉妄動使自己的景況更加為難，只好急忙寫信給晉靈公。

信中說到：「我們鄭國位於晉、楚兩大國之間，北邊怕晉國，南邊畏懼楚國，未能應邀出席會議，實在是無可奈何的事，古諺說：『畏首畏尾，身其餘幾』（意思是頭也怕，腳也怕，全身沒有什麼地方不怕）。鹿到臨死時，只求能受到庇護，只求能有個地方暫時安身，是無法選擇藏身之地的；一個小國對待大國，能到了這般地步也算盡力了。我們鄭國，現在正是如此，我們一貫殷勤地侍奉你們，可是你們始終不滿意，這使我們感到不知所措。如果逼得太急，無路可走，那我們也只好去投靠楚國了。萬一我們最後投靠了楚國，那是你們逼我們不得不這樣做的！」

鄭穆公採哀兵政策，反覆陳述鄭國與晉國在歷史上就有許多相互友好的關係，說明鄭國的處境，再次表明鄭國的態度。暗示晉國若再苦苦相逼，等於是為鄭國下了投靠楚國的最後決定。

晉靈公見信之後，心想萬一鄭國真的投靠楚國，反而會成為晉國的心腹大患，一番衡量之後，就決定不向鄭國興師問罪，派人和談了事。

鄭穆公知道以晉國一貫的作法，必定會藉題發揮，說不定會因此出兵，伺機將鄭國吞併，於是他決定先發制人，先下手為強，以投靠楚國作為要脅，牽制晉國。鄭國雖小如彈丸之地，但是地處晉楚之間，戰略位置優越，無論讓哪一國得到，對另一國都是有害無利，所以晉國才同意了鄭國的做法，畢竟只要鄭國仍是晉國的盟國之一，南方強勢的楚國就暫時沒有辦法直接威脅晉國。

　　老大、老二的勢力強大，相對的，樹立的敵人也多，所冒的風險也大，不見得就有機會能一統版圖。有時候，反倒是在諸強勢力推擠所造成的夾縫中，勉力可以爭得一寸呼吸之地。

　　就在如此的利益權衡之下，鄭國得以保全國土，這是一次小國外交的勝利，身處兩大強敵之間，雖然處境尷尬，但是可以令兩者相互制衡，互相牽制，倒也是險中求生的一大良方。

　　成功，有很多種面貌，沒有人能夠一概而論地說什麼樣的成功才能稱之為成功。

　　《湖濱散記》的作者亨利‧梭羅感嘆地說：「我們為什麼要趕在別人前面呢？為什麼要如此行色匆匆呢？和別人的步調不一致，也許就無法與進行曲的拍子相配合了。不論是何種旋律，也不論是在多麼遙遠的地方演奏，只要停留在聽得到自己喜歡的音樂之處就可以了。」

　　不論是成為世界首屈一指的鉅富，還是世上最悠閒快樂的農夫，只要選擇自己所想要的目標，然後拼盡自己所有的一切去達成，這就是成功。

要有審時度勢的智慧

遇到緊急時刻，我們要有審時度勢的智慧，
在尚未評估出對手的實力前，
要以退為進，發揮求生的機智與勇氣，
才能化險為夷。

真正的智慧是再給他一次機會

只要知錯能改，每個人都會有良善的一面，
只要能給對方一次機會，他一定願意把自己
善良的一面彰顯出來！

每個人都曾經犯錯，犯錯並不可怕，只要我們謹記成功的道理：「不怕沒有機會，只怕不懂得反省！」

走錯一步，不代表我們接下來步步皆錯，只要能即時回頭，重新開始，希望仍然會在起點耐心等待我們，再給我們一次機會。

批發部門發生了一件竊案，但是這個小偷的偷竊行為很奇怪，那麼多的貴重物品不偷，卻只偷走商品外的包裝和紙袋。

小偷終於捉到了，也解開了大家的困惑，原來這名小偷是個撿拾破爛的無業貧民。當批發商知道小偷的情況時，竟反過來請求有關部門，免除對該小偷的處罰，甚至還想任聘他為批發部的經理。

溝通後，小偷幸運地得到了工作機會，而這位收破爛出身的經理，後來也不負重託，將批發部經營得相當出色，部門的盈收更年年倍數增長。

許多人都對他的經營能力刮目相看，甚至佩服批發商的識才能力。

有人問批發商：「你怎麼知道他是個人才？」

批發商笑著說：「一個人的一生不論怎樣選擇，最終都只能做好一件事，因為我們看到當初收破爛的他，面對比包裝箱及紙袋貴重的物品，都能抵抗誘惑，一點也不為所動，可見他對目標的執著。像他這種能不改初衷，不會被誘惑而偏離目標的人，我認為，那正是成就事業的要訣。」

批發商又接著說：「我相信他只是一時走偏了，只要我們即時糾正他，給他一個自新的機會，我相信，他的成就會在我之上。」

從小偷只挑紙袋的行為中，批發商沒有加以唾棄，反而從另一個更寬闊的視野，看見了小偷只挑紙袋的潛在意義，那是屬於較深邃的人性光明面，一個千里馬與伯樂的巧遇，也是表現出生活中處處有機會的希望。

小小的紙袋執著，讓人看見了小偷不受誘惑的品德堅守，小小的紙袋執著，更讓人看見他堅持目標時的心無旁鶩。這些都是一個大老闆求才時的第一要件，雖然他用錯了地方，但是面對這樣的人，只要我們能給他再一次的幾會，他們絕對會重新站起，並用他過人的意志，成就並回饋人們給予他的機會。

每件事都有不同的視野和角度，每一個人也都有各種不同的面向，就像批發商在故事中的隱喻：「只要知錯能改，每個人都會有良善的一面，只要能給對方一次機會，他一定願意把自己善良的一面彰顯出來！」

適度的壓力會激發潛力

不要讓恐懼失敗的情緒佔據，無論心中的假
想敵是什麼，更不管自己所給的壓力有多
少，我們的未來始終都掌控在我們的手裡。

其實，伯樂的最大功勞，只是比別人懂得如何激發千里馬的
潛能。

人人都會是千里馬，即使沒有伯樂，我們也能靠自己摸索出
激發潛能的技巧，然後憑藉勇氣和毅力，發現自己日跑千里的潛
力。

這裡有一個千里馬遇伯樂的寓言故事：伯樂在集市上相中了
一匹青鬃馬，認為：「只要經過一段的訓練，這匹馬一定可以成
為千里馬。」

但是，伯樂用盡各種方式訓練了牠好幾個月，青鬃馬的成績
始終都達不到他的理想，牠每日的奔跑距離，總是在九百里左右。

有一天，伯樂對青鬃馬說：「唉，夥計，你要用功點啊！再
這樣下去，你很快就要被淘汰了！」

沒想到，青鬃馬竟愁眉苦臉地說：「沒法子啊，我已經盡了
最大的努力。」

伯樂問：「真的嗎？」

青鬃馬說：「真的，我把吃奶的勁兒都使出來了。」

第二天，青鬃馬的訓練再次展開，一開始，青鬃馬仍然一如往常地起跑，然後才慢慢地加速。突然，背後響起了一聲驚雷般的吼叫聲，青鬃馬回頭一看，竟是一頭雄獅像旋風般地朝牠撲了過來。

青鬃馬一驚，猛地嘶叫了一聲，便沒命地往前狂奔。晚上，青鬃馬氣喘吁吁地回到了伯樂身邊，向他訴苦地說：「我今天差點被獅子吃了！」

沒想到伯樂竟笑著說：「喔，是嗎？不過，你今天跑了一千零五十里耶！」

青鬃馬吃驚地看了看伯樂，有些不相信地問：「什麼？我今天跑了一千零五十里？真的嗎？」

青鬃馬看著伯樂的詭異微笑，心中忽然豁然一亮。

從此，牠一來到訓練場上，心中便感覺得有一頭獅子在後面追趕，在這樣的激勵下，很快地，青鬃馬便成了珍貴的千里寶馬。

適度地給自己一點壓力，或是一個假想敵，將有助於激發我們前進，就像故事中的青鬃馬。生活中，我們有許多事情必須靠自己去摸索，要如何激發自己的潛能，更要靠我們自己去挖掘，就像在大海中航行的舵手，在茫茫大海中，必須憑藉著自己的判斷力，靠著自己的意志力，找到靠岸的目標。

只要不給自己過多的圍限，不要讓恐懼失敗的情緒佔據，無論心中的假想敵是什麼，更不管自己所給的壓力有多少，我們的未來始終都掌控在我們的手裡。

表面的成功只是徒勞無功

龍門再高，始終都有人成功躍過，既然別人
能激發潛能，一躍而過，我們就不必妄自菲
薄，因為別人能的，我們也能！

不必付出太多心力，便能輕鬆躍過的龍門，價值當然不如辛苦躍過高門檻的魚龍，因為我們都知道，沒有經過一段努力付出，它的價值便和低門檻一般高。

傳說中，鯉魚們只要能跳過龍門，牠們就能從普普通通的魚，一躍成為超凡脫俗的龍。不過，想要成功地躍過龍門，可不是件容易的事，因為這扇龍門相當高，魚兒每每都被摔碰得鼻青臉腫，而且每一次跳躍都累得牠們精疲力竭，所以沒有一隻魚能夠成功跳過。

後來，牠們一起向龍王請求：「殿下，請您把龍門降低一點吧！如果連一條鯉魚都跳不過去，那這扇龍門不是白設了嗎？」

剛開始，龍王堅持不降低門檻，但為了爭取自身利益的鯉魚們，從那天開始便長跪在龍王殿前，整整跪了八十一天，終於讓龍王心軟了下來，答應牠們的要求。

從此，鯉魚們都能輕輕鬆鬆地跳過龍門，開開心心地升級成為一條風光的龍。

　　不久之後，成為龍的鯉魚們卻發現，當大家都變成了龍後，身份和地位似乎和過去一樣，一點也沒有改變：「咦？這樣的躍門升級好像一點意義也沒有？」

　　於是，一群魚、龍又出現在龍王殿前，向龍王詢問：「躍過龍門後，我們怎麼覺得，自己的地位並沒有什麼提升啊？」

　　龍王一聽，點了點說：「是的，真正的龍門是無法降低的，如果，你們還想要爭取屬於龍的真正感覺和地位，就回去跳那座沒有降低高度的龍門吧！」

　　萬事皆從平地起，鯉躍龍門沒有真正的捷徑，換句話說，沒有慢步累積出來的成果，不算是真正的成功。

　　於是，龍王堅持龍門的門檻高度，因為他知道，沒有付出辛勞，魚兒永遠也無法感受到「成龍」的珍貴。

　　所以，急著尋找成功捷徑的人，請放慢你的搜尋腳步，並仔細地回頭看看你疾走而來的足跡，到底是深烙還是輕浮，如果足跡已經全部消失，那麼請停止你的尋找，因為，即使讓你找到了，也會像故事中的鯉魚一樣，最後都是徒勞無功。

　　其實，龍門再高，始終都有人成功躍過，既然別人能激發潛能，一躍而過，我們就不必妄自菲薄，因為別人能的，我們也能！

要有審時度勢的智慧

遇到緊急時刻，我們要有審時度勢的智慧，
在尚未評估出對手的實力前，要以退為進，
發揮求生的機智與勇氣，才能化險為夷。

面對危急，沒有人預料得到可能發生的情況，但是在非常時刻，聰明的人會懂得見機行事，即使必須往後退一步也無妨。只要我們清楚自己的目標與狀況，在退一步的同時，我們也已不自覺地預留了前進的空間。

這天，有九隻野狗準備一起出去覓食，走到半途時，牠們遇到了一頭獅子。獅子對牠們說：「我也在覓食，不如，我們一塊兒尋找食物吧！」

野狗們聽見獅子要與牠們合作，紛紛答應牠的邀請，因為牠們想：「有了獅子的幫忙，也許能更快捕到獵物吧！」

於是，九隻野狗和一隻獅子通力合作，從日出獵捕到日落，直到夜幕低垂，一共捉了十隻羚羊。

獅子看著躺在地上的獵物，對野狗們說：「我們得去找個英明的人，來幫我們分配這頓晚餐。」

聽見獅子這麼說，有隻野狗不以為然地說：「何必呢？我們不是一共十隻嗎？你看，地上的羚羊也是十隻啊！一人一隻剛剛

好，何必再找人來分配呢？」

這時，獅子忽然起身，舉起巨爪朝這隻冒失的野狗揮去，沒想到獅掌一揮，野狗立即昏了過去。

其他的野狗看見這個情況，個個嚇退了好幾步。

這時，有隻野狗鼓起勇氣對獅子說：「對不起，對不起，是我們的兄弟說錯了，那樣分配其實是不合理的。大家想想，獅子可是世界的主宰，我們應該給您九隻羚羊，因為如此一來，您和羚羊加起來共有十隻；而我們九隻狗則分配一隻羚羊就好，因為那樣算起來，我們也一共是十隻！如此一來，我們都是十隻的狀況，相信才是最公平的分配。」

獅子聽到野狗這麼分配，滿意地點了點頭，接著說道：「不錯，你很聰明，不像你那個傻瓜兄弟！那你是怎麼想出這個分配法的呢？」

野狗回答：「喔！就在您打昏我的兄弟時，腦袋裡忽然閃過了一種發人深省的智慧，正是這個靈感啟發了我，讓我想出了這個好辦法的啊！獅王。」

為了保住自己性命而不得不曲意迎合的聰明，確實是生活在現代險詐的社會中，發人深省的警示吧！

帶點嘲諷意味的啟發，卻也提醒了我們：「**遭遇麻煩，第一時間我們應該先退一步，為自己尋找後退的路，不必正面迎戰。**」

遇到緊急時刻，我們要有審時度勢的智慧，在尚未評估出對手的實力前，我們要以退為進，發揮求生的機智與勇氣，才能化險為夷。

養成正確的金錢態度

由儉入奢易，從奢入儉難，不懂珍惜的人，
即使家產豐厚終會散盡，一旦生活太過奢
華，便很難回到簡樸、惜福的生活態度中。

富蘭克林在《致富之路》中寫道：「獲取你能獲取的，保住
你所擁有的，這就是能使你所擁有的鉛變成金子的砥石。」

對待金錢的正確態度在於當用則用，至於不該花費的就要節
省，就算被別人譏笑為吝嗇也無所謂。

吝嗇不是小器的別名，就像富翁們的吝嗇，他們不是不願意
消費，只是比我們更執著於「珍惜」這兩個字。

他們不胡亂把錢花在不必要的東西身上，所以，即使只有一
塊錢，也要謹慎評估，只為了讓這一塊錢確實地使用在刀口上。

石油大王約翰‧洛克菲勒曾是美國三大富翁之一，一生至少
賺了十億美元以上的財富，不過，在這十億美元的財富中，他至
少捐了七億美元做善事。然而，如此慷慨付出的洛克菲勒，自己
平時的花費卻十分節儉。

有一天，洛克菲勒準備搭公車回家時，卻發現口袋裡的車資
不夠，還差一毛，於是便向秘書借。

當他拿到了一毛錢的同時，還對秘書說：「你要提醒我還啊！

免得我忘了。」

秘書笑著說：「請別介意，一毛錢算不了什麼。」

沒想到洛克菲勒忽然正色道：「你怎能這樣說呢？把一塊錢存到銀行裡，可是要等兩年以上，才有一毛錢的利息啊！」

另外，洛克菲勒幾乎每天都習慣到某家熟識的餐廳用餐，餐後，他都會給服務生一毛五分錢的小費。

不過，這天卻不知何故，他卻只給那位服務生五分錢而已。

服務生見狀，不禁失望地埋怨著說：「如果我像你那麼有錢的話，我絕對不會吝嗇那一毛錢。」

洛克菲勒聽見後，笑了笑說：「這就是為什麼你一輩子當服務生的緣故。」

還有一次，洛克菲勒來到紐約一家旅館，並準備挑選一間便宜的房間住宿。

洛克菲勒向經理問道：「請問，這裡最便宜的房間一個晚上要多少錢？我只有一個人，只需要一個很小的房間休息就好了。」

經理對他說：「您為什麼要住那麼簡陋的房間呢？您的兒子來這裡，總是挑選這裡最貴的房間啊！您要不要和貴公子住一樣的呢？」

洛克菲勒搖了搖頭，並打趣地說：「我兒子啊？是啊！因為他爸爸是個富翁，但是我爸爸不是！」

聽見洛克菲勒叨唸著「他的爸爸是富翁，但我爸爸不是」時，我們似乎也聽見了石油大王，對兒子出手闊綽的無奈，是吧？

其實，金錢花用的態度，根本無關父親是否富有，由儉入奢易，從奢入儉難，不懂珍惜的人，即使家產豐厚終會散盡，一旦

生活太過奢華，便很難回到簡樸、惜福的生活態度中。

　　曾經聽見老人家說：「生活中最沒用的東西是財產，最有用的東西是才智。」

　　即使家財萬貫，洛克菲勒也不改其儉約本性，因為他很清楚：「一飯一粥皆得來不易，即使財富已經有了明顯累積，但是一分一毫我仍然要仔細計較，因為我能走到今天，不是只有一天一夜的奮鬥。」

不要對問題預設立場

面對問題，我們不能只從一條直線去思考，而是要周全地找出每一條可能的道路，然後在問題出現時，明快地挑出一條最正確的解決之道。

　　面對問題的時候，不要預設立場，而要讓自己的思路靈活一點。

　　著名的心理學家維克多·弗蘭克就曾經提醒我們從不同的角度看問題，他說：「生命中的每一種情境向人提出挑戰，同時提出疑難要我們解決，因此，很多問題的思考方式應該顛倒過來。」

　　因為個人的成長習慣不同，也因為每個人的立場不同，我們很習慣用自己的角度去面對問題，甚至用偏頗的主觀思維解決眼前的問題。

　　也因此導致許多人在現實生活中，因為受制於預設立場的圍限，讓人與人之間衍生出許多不必要的誤解。

　　著名的心算大師阿伯特·卡米洛，每天都會舉辦一場實力測驗，接受台下觀眾們的現場考驗，而且截至目前為止，大師從未被民眾所考倒。

　　今晚，有位老先生上台挑戰，老先生坐在心算家的面前，緩緩地說出題目：「有一輛火車，載了二百八十三名旅客進站，這

時有八十七位乘客下車，另有六十五個人上車。」

只見阿伯特‧卡米洛滿臉輕蔑地笑著，而老先生則繼續說著：「下一站有四十九人下車，再來約有一百一十二人上車！」

而心算家仍微笑地點著頭，忽然，老先生加快了速度，飛快地出題：「再下一站，有三十七人下車，九十六人上車；而再下一站，有七十四人下車，六十九人上車，又過一站，有四十三人下車，七十九人上車！」

老先生忽然在這個時候頓了一下，阿伯特‧卡米洛忍不住問：「結束了嗎？」

老先生搖了搖頭，故作神秘地說：「不，請您接著，火車繼續往前開著，到了下一站，又下去了一百三十七人，然後有十七人上車，再下一站則是二十二人下車，六十八人上車！」

「啪！」老先生忽然拍了一下自己的大腿，接著說：「沒有了，卡米洛先生！」

只見卡米洛滿臉自信地問：「您現在就想知道答案了嗎？」

出題的老先生點點頭，並笑著說：「當然！不過，我不想知道車上還有多少旅客，我只想知道，火車這一趟究竟停靠了多少車站？」

大家轉頭看著卡米洛，卻見他瞪大了眼睛，呆住了！

相信許多人和卡米洛一樣，打從老先先一開始出題，便鑽入了乘客數字的計算中，忽略了題目中可能暗藏的陷阱。

一道問題，兩件啟發，第一是，面對問題時，我們一定要先丟掉預設立場，因為，一旦心中有了偏頗，不僅無助於問題的解決，也容易錯失了解決問題的第一時機。第二，即使是相同的一

件事,我們都要從不同的角度去研究,如此一來,我們才能發現任何可能的答案。

　　丟掉預設的立場,並從不同角度看問題反而更能讓我們打開寬闊的視野,讓每一道難題迎刃而解。

　　聰明的人會讓思考多轉幾彎,並找出最適當的解決方法。面對問題,我們不能只從一條直線去思考,而是要周全地找出每一條可能的道路,然後在問題出現時,明快地挑出一條最正確的解決之道。

與其埋怨，不如珍惜

其實，每個人經歷的困難一樣多，我們不需
要羨慕別人，更不須要抱怨連連，只要肯努
力，我們都能開墾出最漂亮的人生花圃。

站在生活的此岸，我們無須羨慕對岸盛開的花朵，因為，只
要你願意，我們也能在自己的岸邊栽種一朵朵的花苗，並在你我
細心的照料下，很快地便能徜徉於人人羨慕的花圃裡，享受豐收
的幸福。

在這個河邊，左岸住著一位老和尚，右岸則住了一個老農夫。

每天早上，和尚與老農夫都會看見對方與自己不同的生活作
息，和尚每天看著農夫日出而作，日落而息，生活非常充實的模
樣，心中十分羨慕。

而農夫則相反，他看著和尚每天只是誦經敲鐘，日子過得那
樣無憂無慮，自由自在，心中十分嚮往。

於是兩個人每天都在休息時間相互對望，日子久了之後，在
他們心中，忽然產生了這樣一個念頭：「到對岸去吧！」

兩個人心有靈犀地對望一下，達成了協議，互換身份與生活
環境，讓彼此也能親身體會不同的生活感受。

於是，第二天農夫成了和尚，和尚則變成了農夫！

但是，兩個人生活了一天之後，心中便開始後悔了。

當農夫穿起了袈裟，靜坐在佛堂前，開始背誦佛經時才發現，原來和尚的悠閒生活一點也不適合他，因爲這比農務枯燥太多，日子過得有些無所適從，甚至激不起任何生命活力。至於和尚更是後悔，面對著人間的種種煩憂、辛勞與困惑，讓他非常想念佛堂前的寧靜。

日子一天又一天地過去了，兩個因爲好奇而互換身份的平凡人，這天再次來到岸邊與對方相望，心中也再次出現了這樣的聲音：「回到對岸去吧！」

看完了故事，相信許多人都會忍不住發出這樣的問句：「爲什麼捉在手中時，人們都不懂得珍惜呢？」

答案其實很簡單，因爲，我們只看得見對方的表面狀態。

一定有人曾像故事中的和尚與農夫一般，有「坐這山，望那山」的投機心態，讓自己在不知不覺中迷失了方向，甚至讓自己一再地陷入失敗的囚籠中，是吧？

在不同的領域中，我們各自經歷著生活上最艱難的關卡，只是這些困難是隱藏在成功身後，才會讓人誤以爲：「我所經歷的困境，爲什麼比別人還要辛苦？」

其實，每個人經歷的困難一樣多，而我們所要面臨的困境也一樣艱難，這是生活中既定的規律，我們不需要羨慕別人，更不須要抱怨連連，因爲，只要能夠堅強面對，在這個岸邊，只要肯努力，我們都能開墾出最漂亮的人生花圃。

用一句話扭轉劣勢

懂得從不同的視角去延伸創意，或是找出突破問題的新視野，那麼我們自然就能發掘出全新的創意和想像空間。

因為人的獨特性，每個人的思考都具備了極高的可塑性。

你希望明天會有什麼樣的改變，只要願意以積極正面的態度去面對，即使只是一句話，也能扭轉未來。

那麼，何不留意在我們腦海中轉動的「思考」，正朝著哪一個方向前進呢？

在美國的鮭魚市場上，販售紅鮭魚的公司與粉紅鮭魚公司的市場競爭十分激烈，但是兩方魚商競爭了那麼多年，始終都分不出勝負。

因為，他們都堅持說：「我比對方更勝一籌。」

不過，消費者基金會的調查卻顯示，一開始其實是販售粉紅鮭魚的魚商業績較好，因為他們的知名度與整體利潤都比對手高出許多。

於是，紅色鮭魚商家立即對此開會討論，並找出因應的辦法。

在一片沉默的氣氛中，總經理忽然厲聲訓斥著：「我給你們九十天的時間，立即將差距縮短，否則你們都得回家吃自己。」

聽完總經理的大聲斥責，現場每一位推銷人員的生活立即陷入苦思，最後終於讓他們想出了一條妙計。他們在罐頭上多設計了一條標籤，經過了三個月的試驗，紅色鮭魚的銷售量大幅上升。

剛開始，每個人都以為這只是個短期的現象，所以紅鮭魚商又等了三個月，果真公司的業績一路上升，這才隱任了他們的信心。總經理對於公司同仁的努力十分高興，於是他立即召集所有推銷人員，並給予他們肯定。

這時，他們才向總經理匯報成功的原因。原來是標籤上新增的字句，所帶來的功效，因為上面寫著：「正宗挪威紅鮭，保證不會變成粉紅色。」

也許很多人都會質疑，這句話有什麼特別的地方？

怎麼會沒有特別之處？這句廣告語不僅暗示了紅鮭的正統性，更因為「保證」兩字，將對方的鮭魚地位重重地貶低了。他們技巧地將廣告與制敵的暗示隱藏於文字中，不僅讓對方抓不到把柄，反而大大地為自己提升了宣傳效果。

我們從故事中發現，在魚罐頭上，推銷員們利用文字的力量，讓銷售量有了突破，那是廣告行銷時最常用的方法。一句「保證」，代表的不只是品質上的保證，更會建立消費者選購時的信心，這是廣告文字的力量，當然更是行銷人員攻入消費者心理的行銷戰術。

其實，生活中的創意並不難找，只要我們對事物能有獨特的感覺或發現，並懂得從不同的視角去延伸創意，或是找出突破問題的新視野，那麼我們自然就能發掘出全新的創意和想像空間。

學會了訣竅更要懂得靈活變通

懂得靈活變通的人，即使前進的足跡很雜很
亂，他們也能發現其中踏錯的腳步，然後輕鬆
躍過這個錯誤，直奔他們預定的最終目標。

在香港有這樣一句生活哲學：「你有限制，我則把握每一個
賺錢的機會。」

機會來自智慧，答案是單一的，但解答的過程可以有很多，
我們學會的訣竅也許只有一個，但是應用到生活上卻可以有很多
種變化，能靈活變通，我們便能像水一般，無論在什麼樣的環境
中，都能有無限的伸展空間。

有個年輕人向一位老獵人請教，捕捉黑熊的訣竅。

老獵人回答說：「我通常會先找到一個山洞，接著靜靜地躲
在洞口，然後再伺機丟一塊石頭進去山洞。如果，聽到裡面傳來
『嗚……嗚……』的吼聲，我便能斷定，黑熊就在裡面。」

年輕人吃驚地問：「這麼簡單？」

老獵人笑著說：「是的，接著我會跳到洞口，朝裡面開槍，
通常十隻裡有九隻熊，都將倒在我的槍口下。」

年輕人聽完，開心地想：「這麼容易？」

只見他點了點頭，滿意地離開了。

　　過了幾天，老獵人在醫院裡巧遇了那位年輕人，而他竟然渾身裹滿了繃帶。

　　獵人吃驚地問他：「你發生了什麼事啊？」

　　沒想到，年輕人竟有些憤憤地說：「我照著您的指導去捕捉黑熊啊！然後就變成這個模樣了！」

　　老獵人不解地問：「怎麼會弄成這樣？」

　　年輕人滿臉苦惱地回答：「我聽你的話，先找到了一個山洞，然後靜靜地躲在洞口，接著也照著你的話，朝裡面扔了一塊大石頭進去，不久，我真的就聽到了『嗚……嗚……』的聲音……」

　　年輕人說到這裡痛苦地嚥了嚥口水，接著才說：「然後，我連忙舉起了槍，迅速地跳躍到洞口，但是，我還來不及開槍，卻見洞裡竟然跑出了一列火車……」

　　看完了故事，相信許多人都要忍不住笑罵年輕人：「怎麼這麼笨！」

　　但反省自己，我們是不是也曾犯了相同的錯誤呢？

　　這就像解數學題目一般，答案只有一個，有些人不也習慣套用老師給的標準公式尋找答案，一旦某個步驟忘了，答案便再也找不到了，那就像故事中的年輕人，他們只知道跟著別人的步伐前進，卻不懂得辨別前面的人可能錯走的某一步。

　　當然，最後的答案只有一個，但是解題的過程可以有好幾個，懂得靈活變通的人，即使前進的足跡很雜很亂，他們也能發現其中踏錯的腳步，然後輕鬆躍過這個錯誤，直奔他們預定的最終目標。

問心無愧就能遠離是非

一旦問心有愧，生活便將掉入「不自在」的氣氛中，

想要坦然享受人生，

就別再給自己那麼多貪婪的念頭，

更不要陷在人事的包袱中。

問心無愧就能遠離是非

一旦問心有愧,生活便將掉入「不自在」的氣氛中,想要坦然享受人生,就別再給自己那麼多貪婪的念頭,更不要陷在人事的包袱中。

你有多久沒有開懷大笑了?又有多久沒有自在地享受生活了?還有你的人際關係是不是總覺得少了一份坦誠?

無論你心中的答案是肯定的多,還是否定的多,其中評判的標準始終只有一個:「我,真的問心無愧嗎?」

在人情之間,我們可以有堅守的範圍,只因在人生路上,我們應該多為自己想想,只要凡事不強求,取己所需,如此一來,還能讓我們遠離是非事與是非人,自在地享受平穩的人生。

清朝雍正年間,葉存仁是位十分清廉的官員,為官三十餘年,居所始終儉樸,生活起居更是淡泊,不話人閒語,也絕不苟取。所以,只要他任職過的地方,總能留下清名,也十分受到人民與幕僚們的懷念與敬重。

有一回,葉存仁又將被派任到他處任職,部屬們挑選了一個月圓之夜為他餞行。就在他們把酒話別的時候,遠方划來了一葉小舟,上面竟載滿了大小禮品。

原來,這是這些部屬為了避人耳目所做的安排,特地挑選夜

間話別,趁機將這些禮品饋贈葉存仁。

想來,他們與葉存仁共事這麼久了,尚未搞清楚他的為人處世吧!

只見葉存仁堅決要對方送回,還賦詩給對方:「月被風清夜半時,扁舟相送故遲遲;感君情重還君贈,不畏人知畏己知。」

好一個「不畏人知畏己知」,再精簡些便是你我熟知的「問心無愧」四個字囉!

有人說:「在別人越看不見的地方越能嚴守分寸的人,必定能成大器。」

相信這樣的邏輯推論沒有人會反對吧!只因為,能謹守無愧於心準則的人,對於「巧取」這件事從來都無知,即使經有心人提醒,他們也只看得見按部就班的計劃與心中的尺度。

踏實地回到現實生活中,人生長長短短間的遭遇豈只是這些小事,無論外在環境如何,也不論別人怎麼看待,我們最終要面對的,始終是我們自己,就像許多故事裡經常出現的反思台詞:「一切天知、地知、你知、我知!」

一旦問心有愧,生活便將掉入了「不自在」的氣氛中,因為這些包袱會讓我們無法面對自己。所以,想要坦然地享受人生,就別再給自己那麼多貪婪的念頭,更不要再陷在人事的包袱中。

沒有人躲得過良心的責罰

平時別做虧心事，別以為那只是小事，或是
以為可以蒙混過關，因為，躲得過別人的法
眼，也躲不過自己的良心譴責。

我們不能憑最初的印象去判斷一個人，因為在陽光照射得到
的地方，奸猾的人總是滿口仁義道德，表現出一副不貪不取的模
樣，而在黑暗的角落，它們卻是男盜女娼，露出貪得無饜的嘴臉。

正因為如此，深諳人性的孟德斯鳩才會說：「衡量一個人的
真正品德，往往要看他知道沒有人會發覺的時候做些什麼。」

犯罪後，不管罪犯表面佯裝得如何鎮靜，內心總是惶惶不安
的，即使能蒙混過關，他們還是要天天擔心會有露出馬腳的一天。

所以，坦然面對犯錯，並謹守良心的安穩，這才是身為人最
重要的事。

在南北朝時期，有個小農莊中的雞群全被偷了，農夫立即前
往衙門報案。當時的縣令名叫苻融，是前秦朝中頗有成就的縣令。

苻融接下了案子便立即審理，首先他找來農夫的左右鄰居，
一一盤問，但是每一個人都有成堆的理由為自己辯解，總之沒有
人承認偷雞。

苻融心想：「這樣問下去也問不出個所以然來。」

　　過了一會兒，苻融將他們全叫到堂前審問，只見他們一一跪著，並仔細地將苻融的問題再回答一次，不過他們卻發現苻融似乎已經對此案興趣缺缺了。

　　果然，他們一一回答完畢後，苻融便結束了這件案子，雖然案子並沒有審理終結，但是苻融卻已迫不及待地想換口味，旋即開始審理別的案件了。

　　一行人窮極無聊地跪在堂下，靜靜地等待其他案件審理完畢，這時，苻融露出一副十分疲倦的模樣。

　　「啪！」苻融忽然用力地拍了一下驚堂木，接著便對著台下的那些人說：「回去吧！今天不再審了！」

　　眾人一聽，全都露出「如釋重負」的神情，紛紛都起身準備離去。就在這個時候，又是「啪」一聲，案桌上再次出現巨響，苻融大聲喝道：「你這個偷雞賊也敢站起來啊！想溜嗎？」

　　沒想到，其中一人竟「撲通」一聲，立即跪倒在地上。

　　苻融大聲地斥喝道：「偷兒，你已不打自招了，還不快把偷雞過程從實招來！」

　　那個小偷果然是偷雞賊，在縣令這麼具有威嚴的拍喝聲中，他下意識地跪了下來，當然也露出了原形，知道已經蒙騙不了了，只得如實招供。

　　故事中，苻融應用了十分巧妙的心理戰術，捉緊了犯罪者的「心理不安」去推演，先鬆懈他的防備，再找到最好時機一點擊破，如此一來他不需要物證等，便可令犯罪者因為良心不安而招供。

　　平時別做虧心事，別以為那只是小事，或是以為可以蒙混過

關，因為，躲得過別人的法眼，也躲不過自己的良心譴責。

心中有愧，走在路上，你也會覺得別人的眼神充滿懷疑與鄙疑，這是研究犯罪者心理的統一結論。

所以，勿以惡小而為之，看著苻融的審案過程如果啟發不大，那麼小偷的事跡敗露多少也給了我們非常的深省，是吧？

換個角度思考，從中我們學習到的是：「沒有人躲得過自己，更沒有人能明知犯錯卻能自在生活的，不想讓自己一再犯錯，減少慾望是首要，而且還要學會控制自己的情緒，因為這是發展大業的根本。」

擁有再多都比不上一份母愛

你我身邊的至親都是唯一的，失去了便再也得不到了，我們不在此刻好好疼惜，又要等到什麼時刻呢？

　　活在充滿慾念的世界，赤裸裸的人性顯得格外醜陋，因此盧梭寫道：「禽獸根據本能決定取捨，而人類則通過算計來決定取捨。」

　　正是因為人性是貪婪的，人心充滿著算計，所以，我們時常見到所謂的萬物之靈幹出禽獸不如的事。

　　我們很難想像一個嗜財如命的人，會以愛護錢財的態度去愛自己的兒女，相同的道理，我們也很難見到一個根本不孝敬父母，隨時準備將自己父母拋棄的人，會真心誠意地對待朋友。

　　手上的寶石再怎麼稀有珍貴，也始終都有一個計價的標準，而且在有些人的眼中，它甚至一塊錢也不值。

　　而「母愛」的價值卻怎麼算都算不出一個標準，因為，無論我們給予她多麼高的評價，也始終都會覺得不足。

　　有一個年輕人愛上了一個貌美的女魔鬼，年輕人以為自己找到了知音，卻不知道女魔鬼其實施展了魔法，迷亂了他的心智。

　　已深陷女魔鬼法術的青年，如今再也抽不了身，只見他傾其

所有，努力地滿足女魔鬼的要求。

有一天，女魔對著年輕人說：「親愛的，請將你母親的心摘來給我吃，好嗎？」

沒想到，年輕人竟然點頭答應了，不久他果真帶來了母親的心，然而就在他抵達女魔鬼的居所前，他腳踩了一個空，一不小心摔到了地上，連原本捧在手上的母親的心也被拋了出去。

「糟了，她要的東西掉了！」男子慌張的原因不是因為母親的心不見了，而是女魔頭要的東西不見了。

就在這個時候，遠遠地傳來了一個溫柔的聲音：「我親愛的孩子，你有沒有摔疼了呢？」

生命都已經給了孩子，心中念念不忘的卻還是孩子們的溫飽與否，為孩子們辛苦了大半輩子，每到可以休息的時候，她們終究還是放不下孩子的生活起居，也總是要親自幫忙孩子們料理完一切之後，她們才肯放心睡去。

這是母愛的執著，也是我們永遠也回報不了的母子情債，但是在慾念橫流的社會，這卻也只有懂得其中珍貴的人才願背負這樣的情債，也只有懂得其中珍貴的人才能享受這樣幸福之愛。

審視現今社會，在越來越精簡的家庭結構下，大多數的父母親也越來越開明，但這並不表示他們的愛也變少了，其實他們對於孩子們的思念卻與日俱增，因為相聚的時間少了，他們掛念你我的時間也變得越來越多了。

這是一種十分辛苦的愛的煎熬，只要我們有空撥個電話就一定會發現，你一定也曾聽見這樣的話語：「要多吃一點，多穿一點，要好好照顧你自己啊！」

　　你是否也經常聽見電話彼端傳來這樣的聲音呢？

　　是吧！你也有著相同的經驗，那麼這不正是父母親對我們心心念念的表現嗎？再仔細想想，你有多久沒有回家探望父母了，又有多久沒有陪在他們的身邊話家常呢？你我身邊的至親都是唯一的，失去了便再也得不到了，我們不在此刻好好疼惜，又要等到什麼時刻呢？

幫助別人不應該老想著回報

因為私我太過，每當生活周遭出現需要幫助的人，人們更顯得興趣缺缺，這些都是拉大今日人與人之間距離的主因。

當你幫助別人的時候，心中會出現什麼樣的期望？

是希望對方因為有你的幫助，從此不再深陷苦境；還是，每一次幫助別人之後，便急著索取人們的回饋，然後期望他人的下一次求助與回饋？

大華與阿成正走在回家的路上，這時，前方出現了一輛陷在泥土地的車子，兩個人走近一看，車上載滿了芝麻。

小販一看見，連忙救助說：「能不能麻煩你們，幫忙我把車子拉出來。」

大華看了阿成一眼，接著卻說：「好啊！但是你要回饋我們什麼東西呢？」

小販一聽，滿臉不悅地回答：「沒有東西給你們。」

不過，大華和阿成似乎沒聽清楚，只見兩個人幫忙小販，用力地拉了車子一把，車身很快地便脫離了險境。

這時，大華再一次說：「你要給我們什麼東西？給我們東西啊！」

小販無奈地說：「沒有東西。」

沒想到大華竟說：「那就把『沒有東西』給我們吧！」

阿成看著滿臉為難的小販，便笑著對大華說：「別為難他了，他不肯給我們東西，你又何必咄咄逼人？」

大華一聽，十分不滿地回答：「他說要給我們『沒有東西』，就一定有個『沒有東西』才對啊！」

大成聽見大華這麼說，搖了搖頭說：「我的朋友，『沒有東西』這幾個字，就是你想要的東西的假名啊！既然是假名，怎麼會有『東西』呢？」

伸手助人，你也會像大華一般，總是期望著別人的回饋嗎？

當小販一再地聲明「沒有東西」，對照著大華的堅持索討，一定有人深覺大華太過市儈，然而環視個人主義高張的現代社會中，像這般「付出一定要有收穫」的功利心態，讓許多人對於伸手助人一事顯得意興闌珊。

為了有所得，一旦發現期望難以達成便會縮手；又因為私我太過，每當生活周遭出現需要幫助的人，人們更顯得興趣缺缺。

這些都是拉大今日人與人之間距離的主因。

看著悟性較高的大成，在結語處留下了一段禪思，希望能點醒大華與習慣將雙手擺放在身後的人們，或者我們可以明白地點出意旨：「我們不需要假東西，沒有東西其實是因東西早已放在手心，就在我們伸手的那一刻，關於助人的快樂、幫人解困的感動，都是我們幫助別人後，回收得到的寶貝。」

計算越多，最終只會算計到自己

得的物質享受，很多時候反成了生活的重擔，害許多一直到終老也不知道快樂生活的滋味。

瑟蒂斯曾經譏諷地說：「人性只有一條通則放諸四海皆準，那就是口口聲聲自稱紳士的人，絕對不是紳士。」

因為這些表面上看起來衣冠楚楚，滿口仁義道德的人，心裡都裝著一部精密的「計算機」，他們最常幹的事就是處心積慮地算計別人，想盡辦法要掠奪那些讓自己眼紅的東西。

所謂「人算不如天算」，算來算去最終還是算計到自己，據說這是天道定律，心存惡念的人，因為糾結著心思鬥人，反而容易讓自己迷失方向，最後因為看不見自設的陷阱，而早別人一步掉入自己的囚籠中。

法國有位最長壽的老人名叫卡爾門，在他九十大壽的那天，有位名叫拉弗耶的律師，不懷好意的出現在老人家的門口。

他一踏進門就對卡爾門說：「我想向您租房子。」

其實，拉弗耶美其名要租屋，事實上是看中了卡爾門的這間房子，他技巧地設計了一份合約，看起來就像是一份遺產約般，上面寫著：「若是卡爾門死了，那麼這間房子便歸拉弗耶所有；

但卡爾門一日未死，拉弗耶便得按月支付五百美元的租金給卡爾門。」

每個月五百美元的房租是個不錯的收入，所以卡爾門笑笑地接受了。

另一方面，意圖不軌的拉弗耶也笑笑地簽下了合約，因為他心中正盤算著：「都九十歲了，看你還能活多久！」

原本拉弗耶以為不用多少時間，他便能擁有這幢房子了，怎料，卡爾門竟健健康康地活過了三十個年頭，這三十年來，拉弗耶日夜祈禱卡爾門快點死去，好讓他能早日獨佔卡爾門的家產。

不久，這個賭局終於落幕了，七十七歲的拉弗耶在一九九五年的耶誕夜死去，在此同時，卡爾門卻正在參加一間大酒店為他提早舉辦的生日宴會。

大約再過幾天，便是他一百二十一歲的生日！

帶點黑色幽默的結尾，卻更加發人深省，生活為何要有那麼多的算計心思？

一天到晚只想著如何讓別人跌倒，卻不去深究自己為何老踏錯了腳步，這樣的算計根本是本末倒置。

看著拉弗耶錯誤的算計，我們再一次地省悟「害人之心不可有」的道理，一心困在害人的視線中，我們怎麼能看見前方的道路呢？

其實，不切實際的後果，只會讓我們一再地錯失成功的機會啊！

人算不如天算，未來是不可預知的，一如故事中的拉弗耶以為九十歲已是生命極限，怎料老卡爾門卻活得比他還長久，而且

還比他快樂地享受了歲月。

還記得電視裡的人瑞擁有長壽的方法嗎？

有個老人說：「快樂就好，別想太多！」

是啊！多得的物質享受，很多時候反成了生活的重擔，害許多人一直到終老也不知道快樂生活的滋味，一如一天到晚詛咒卡爾門死去的拉弗耶。

那麼，你是否也聽見了拉弗耶的臨終省悟：「無私無慾的生活才是長壽的秘訣，更是幸福快樂地享受生命的方法啊！」

迷信前世因果就找不到生活出口

迷惑於前世今生的因果，並不能讓你找到生活的出口，人生有因也有果，可一切因果也始終都根源於「當下」。

在現世的生活中得不到滿足，不少徬徨迷惘的人選擇轉向虛無的世界，探討自己前世究竟造了什麼孽，結果飽受痛苦的記憶折磨。

想要讓現世的美好延續下去，不少不知活在當下的人熱衷於探討來世將會如何，結果不是憧憬著來世的美好，就是得到悵然若失的答案。

與其相信前世的是非，不如今生重新開始。

如果我們生生世世都要被這些命運的魔咒所牽絆，那麼能夠投胎為人，似乎反而成了命理輪迴中最悲慘的一件事。

看看你的腳下，你看見了什麼？是前世的足跡，還是今生的泥印？

阿朋對於輪迴一事非常有興趣，他的太太更是這方面的癡迷人。

這一天，阿朋有位專門研究命理的朋友到他家作客，阿朋的太太一看見他，便急著問：「大誠哥，我們夫妻倆下輩子還會不

會結成夫妻？」

原本，阿朋的妻子還準備拿出生辰八字供大誠推算，沒想到大誠竟想都沒想便說：「很難，機會不大！」

阿朋的妻子一聽，臉上頓時堆滿了失望神情：「是嗎？可是，為什這一世恩愛夫妻的情緣，不能在來生繼續？難道人一死了，前塵往事也跟著沒了嗎？」

大誠冷冷地回答說：「那就像是電器的插頭一般，插頭拔掉以後燈便熄滅了，再也不亮了！」

原本靜靜聆聽的阿朋，這時也忍不住嘆道：「那不是太可惜了嗎？」

「可惜？你幾時記起了前生？你上一輩子難道也是跟著你現在的這個老婆嗎？你當然不記得了，不是嗎？」

阿誠一長串地向著眼前的執迷人解說著。

接著，他笑了：「下一輩子？你能保證在下一輩子記起今生事嗎？夫妻緣只是緣的一種，沒有絕對不變的道理。在今生前世的因果裡，真正重要的是，今生，眼前的你們確實是夫妻，看得到也觸摸得到，又何必管到來生呢？」

對於前生來世，你是否也充滿了好奇？甚至還聆聽過所謂的通靈人解說你的今生因緣於前世的果報？

問題是，當你聽完了一長串的「今生報」，又如何呢？

心中真的解開了多少謎團，又真能放下多少？

禪宗有一則深具寓意的故事，某一天老禪師帶著兩個徒弟在黑夜裡前進，兩個徒弟手中各執了一盞燈籠。

忽然，吹來了一陣風，將燈籠裡的燭火吹熄了。

一片漆黑中，徒弟著急地問：「師父，怎麼辦？」

禪師平靜地回答：「看腳下！」

是啊，執迷於燈的指引，迷惑於前世今生的因果，並不能讓你找到生活的出口，人生有因也有果，可一切因果也始終都根源於「當下」，算到了你前世是帝王又如何？即使今生糾結在愛恨情仇裡，果真因緣於前生帝王宮裡的恩怨？我們始終都是活在今天，也終究要了結這些恩怨與情愛。

相信了前世的因果，卻放任今生的糾結，讓自己繼續辛苦陷在這樣的因果中，這樣的輪迴機會似乎有些多餘，你說是不是呢？

臨危不亂才能安渡難關

雖然人生難題很多，但我們也別太擔心，因為每一個難題都一定都會有個解答，只要我們小心應對，再艱難的問題也一定能找到答案。

每個人都希望能擁有神仙錦囊，能夠在我們最危難的時候，可以有未卜先知的答案來護身，只是神仙錦囊要到哪兒去找呢？

不必往高山上搜尋，更不必跑遍廟宇佛寺去祈求，因為所謂的神仙妙計其實就在你的智慧裡。只要我們學會觀察，培養出臨危不亂的處事能力，那麼遇見困難，腦海中自然會躍出一個又一個絕妙的解決辦法。

卡特和雷根是美國著名的總統，雷根是在打敗前任總統卡特後才入主白宮。

巴黎的一家報紙曾聲稱挖到一則獨家消息，他們在「信不信由你」的內幕新聞裡寫著下面這一段故事。

一九八〇年，雷根當選總統後，即將卸任的卡特曾留給他三個標示號碼的信封，極其鄭重地對雷根說：「遇到緊急危難時，你不妨拆開這其中一封信，因為它將使你化險為夷。」

一九八二年，美國的經濟忽然出現危機，這個情況令雷根的聲望一落千丈，批評與質疑雷根執政能力的聲音紛起。

面對這麼緊張的局勢，雷根忍不住拆開了第一個信封，他打開一看，裡面只寫了兩個字：「罵我。」

聰明的雷根一點便知，從此，他不論出現在什麼樣的場合，都會用力地將美國經濟的爛攤子全歸咎於卡特：「這全是卡特種下的禍根，是他讓我們陷入這樣的困境，但是你們放心，一切很快地就會過去。」

沒想到這招果然靈驗，雷根的聲望漸漸地有了明顯的回升。

一九八四年，美國政府被財政赤字所苦，國會裡的責難聲不絕於耳。

這時雷根又拆開了卡特留下的第二個信封，上面寫著：「罵國會。」

雷根再次依計行事，不斷指責國會阻撓他執行緊縮政策，也不斷讓國人知道，一切都得怪國會不配合，這一招果然再度奏效，國內對他的批評慢慢地減緩了。

一九八六年十一月，雷根暗中向伊朗出售武器，還將所得用於支持尼加拉瓜的反政府武裝，最後還鬧出「新水門事件」。這時，雷根在危急之中打開了第三個信封，信中卻寫著：「為下一任準備另三個信封。」

幽默的故事配合著幽默的雷根，果然令人玩味，卡特的三封信，充分地展現了他的政治智慧與哲思。

三封信三句話，卻讓雷根渡過一個又一個難關，無怪乎卡特總統要在最末向雷根明白指示，要為下一任準備另三封信，隱隱約約間，我們似乎也讀到了智者臨危不亂的預知能力。

在故事中，卡特要雷根懂得未雨綢繆的重要，更要懂得解除

危機的辦法，第一任他將方法與技巧傳遞給雷根，下一任則要靠著雷根自己的悟性與智慧，為自己解開一個又一個的難題。

將故事延伸出來，其中旨意不正是長輩們耳提面命的警語：「化解危機的最好方法，就是要能臨危不亂！」

雖然人生難題很多，但我們也別太擔心，因為每一個難題都一定都會有個解答，只要我們小心應對，再艱難的問題也一定能找到答案。

禪道就在平常生活中

修口不如修心，經文深思又不如生活感悟，與其關在廟宇裡天天誦經，不如走出房門幫助天下人，才是最原始的禪修方法！

　　日常生活中，我們經常碰到滿口佛學禪裡的人，不過，可要細心觀察他們的行為，千萬別被道貌岸然的外表蒙蔽了。

　　因為，人是專靠嘴巴矇騙別人的動物，他們並不一定懂得自己所說的那些禪機道理，即使真的懂，也不一定會去實踐。

　　人生最好的禪修領域在人間，而最能讓我們領悟禪思的環境就在平常生活中，我們無須依賴鬼神之論或是因果循環，因為此刻種下的因，很快地便會在下一秒出現我們應得的果報。

　　有三個對於禪修十分感興趣的兄弟，這天來到佛山拜師學習佛法，三個人雖然只是帶髮修行，卻十分用功，每天都很認真地跟著師父唸經修習，經過一段時間之後，他們為了尋求更高的悟境，決定三個人結伴行腳雲遊。

　　日落時分，他們正巧抵達一個村莊，於是三個人準備向一戶民家借宿。

　　恰巧這戶人家的男主人剛走，獨力帶了七個子女生活的婦人，仍然好心地騰出了一間客房，讓他們三兄弟休憩。

第二天，兄弟三人準備上路前，最小的弟弟竟然對哥哥說：「兩位哥哥，我決定留在這裡不走了，你們一路小心啊！」

哥哥們一聽見小弟忽然改變初衷，十分生氣，忍不住大罵道：「你怎麼這麼沒有志氣！才出外參學不久，一看見年輕寡婦，心性就定不下來了？你實在……」

大哥氣得說不出話來，二哥則頻頻搖頭嘆氣，小弟看著二位哥哥，只有不住地低頭行禮，一句話也沒有辯駁。

寡婦看見小弟一表人才，也禁不住挑起了愛戀之意說：「我願意以身相許。」

但是，三弟這會兒卻滿臉嚴肅地說：「妳丈夫剛走，我們這麼快就結婚實在不妥，妳應該為丈夫守寡三年，然後我們再談婚事，妳放心，我會一直待在妳身邊，幫助妳料理日常的家計。」

婦人點了點頭，只是在點頭後的第三年，女方好不容易守完了寡，小弟還是拒絕兩人的婚事：「如果我和妳結婚，確實有些對不起妳的丈夫，這樣好了，讓我也為他守身三年吧！」

三年後，女方又提出了結婚要求，但是小弟竟然又說：「為了我們的未來能幸福美滿，無愧於心，我們一塊兒再為你丈夫守孝三年吧！」

就這樣，三個三年都過去了，婦人的孩子們也一個個長大成人，但婦人與小弟始終都未能結成連理。

就在第三個三年結束的那一天，小弟對婦人說：「助人的心願已了，此刻是我該道別的時候了！」

修心自然能修口，修口不一定修得了心，面對厄運一再纏身，天天舉香向老天爺祈求救贖，一轉身卻又壞事做盡的人，當然不

可能會交得好運。

　　那麼，我們到底該怎麼修行？

　　修口不如修心，經文深思又不如生活感悟，我們終究是生活在大地之上，與其關在廟宇裡天天誦經，不如走出房門幫助天下人，才是最原始的禪修方法！

　　就像故事中悟性比兩位哥哥還高的小弟，在兩個哥哥還陷在有形的情慾認知中，他早已悟出凡塵俗世中的情慾恩怨，懂得操控自己的心性，知道萬物有形也無形，只要心中那個秤鉈拿捏得宜，自然不會失去平衡。

快樂是建立在關心別人的基礎上

快樂確實這麼簡單，懂得關心別人，不與人計較，少了與人爭鬥的心思，我們自然少了提心吊膽，日子自然過得快樂愜意了。

人在最窮困潦倒的時候，其實也正是透視人性的最好時機。

因為，這個時候，可以讓我們認清誰是朋友誰是小人，誰是真正懂得助人的好人，誰又是光說不練的偽善者。

分享愛比佔有愛來得輕鬆快樂，關心別人比等待關愛來得簡單容易，這是生活中我們最常感受到的生活體會。

只是，我們明知道懂得分享才是真正懂得幸福的人，也深刻明白，能先關心別人然後我們才能擁有人們的回饋，但似乎對此始終都有盲點，無論生活如何暗示我們，許多人卻還是辛苦陷在佔有與等待關愛的糾結中。

有個小女孩正跳躍著步伐，走進一片寬廣的草地。忽然間一幕景象映入眼簾：「咦？是蝴蝶！」

小女孩停住了跳躍動作，輕緩地靠近鎖定的目標，一隻被荊棘扎傷的小蝴蝶。

「啊！你受傷了，好可憐喔！讓我救救你吧！」

小女孩輕輕地托起蝴蝶，小心翼翼地將牠身上的荊棘拔掉，

就在棘刺被拔除的那一刻，蝴蝶也立即展翅高飛。

「再見了，以後小心點啊！」

心地善良的小女孩，仍傻傻地大聲叮嚀著早已飛遠的蝴蝶。

不久，有個仙女出現在小女孩的床邊，對著女孩說：「妳是個善良的好孩子，今天我要送妳一個願望，只要妳說出來，我就會讓它實現哦！」

小女孩揉了揉雙眼，接著才吃驚地看著眼前的仙女：「這是真的嗎？」

仙女微笑地點了點頭，小女孩滿臉認真地想著自己要什麼，想了很久，最後終於說：「我想要快樂！」

只見仙女低下了頭，在女孩的耳邊悄悄地說了幾句話，然後便消失無蹤了。

從此，小女孩沒有一天不快樂的，她果然快快樂樂地渡過了一生。

到了女孩年老之時，有人一再地求她：「求求您告訴我們，當年仙女到底對您說了些什麼？」

快樂的老婦人仍然滿臉認真地說：「仙女告訴我的秘密就是，我身邊的每一個人都需要我關懷！」

簡單地說，「助人為快樂之本」正是仙女送給女孩的快樂秘方。

「助人」之事我們其實都曾經做過，因為有許多伸手動作是不自覺的，是潛意識裡理所當然的事，一如伸手扶住差點跌倒的人，一如看見友朋們失望的眼神，我們都曾脫口而出的安慰：「沒關係，再等下一次。」

　　是吧，回想一下，當我們做出這些自然動作時，心情是不是很愉快呢？心中是不是感覺到，生活充滿了溫暖、希望呢？

　　「多關心我們身邊的人，然後我們的生活便會充滿愛與關懷！」這是故事的宗旨，其中道出了人與人之間的相處之方，更明白地提醒著我們擁有快樂生活的因果關係，只要你願意付出關懷，那麼我們自然會擁有人們的關愛。

　　快樂確實這麼簡單，懂得關心別人，不與人計較，少了與人爭鬥的心思，我們自然少了提心吊膽，日子自然過的快樂愜意了。

用寬容的心胸進行溝通

只要我們願意以寬容且豁達的心胸，

敞開閉塞的都市生活態度，

那麼接下來所迎接的人際關係，

一定會是我們所渴望的尊重與關懷。

人生有許多遺憾是可以避免的

凡事只要再退一步想，心態只要多轉個彎，
那麼再大的抱憾缺口終能成為前進無憾人生
的入口。

還記得昨天說的氣話吧！仔細想想，是不是太過情緒化了呢？

還記得昨天的無聊爭吵吧！仔細想想，是不是太孩子氣了呢？

既然今天已經想通了，就別再管什麼面子問題，別再計較著
誰是誰非了！如果你不想人生有任何遺憾，從此刻開始，就讓我
們學習做個先開口說抱歉的人吧！

宋朝的哲學家邵康節與程顥、程頤是表兄弟關係，和東坡先
生則是十分要好的朋友，然而程家兄弟與蘇東坡似乎有些不愉快。

精通《易經》的他對於過去和未來預測得十分精準，然而再
怎麼精準的預知能力，也無法解開人事的糾葛。

當邵康節身染重病後，程家兄弟輪流守在他身邊，細心照顧，
但邵康節的病況似乎十分嚴重，生命燭光越來越弱了。

聽見好朋友的病越來越嚴重了，珍重情義的蘇東坡連忙前來
探望，誰知道卻被程氏兄弟阻擋在門外。

僕人前來通報時，正巧被迴光醒來的邵康節聽見了。

只見他吃力地舉起了手，然後比了一個缺口的形狀，不過程

家兄弟似乎悟性不高，滿臉困惑地看著邵康節。

邵康節長吁了一口氣，接著用盡全力對程氏兄弟說：「吾兄，把眼前路留寬一些，讓後人走啊！」

邵康節話才說完，便闔上了雙眼，連蘇東坡的最後一面也沒見著便死去了。

身為理學大師邵康節一生預料了許多人的過去和未來，卻始終都解開不了人們今生的執迷，看見程氏兄弟的執迷與邵康節的臨終遺憾，很難不讓人搖頭嘆息：「為何不讓他好好走呢？」

人生難免會有缺口，但如果這是可以填補的缺口，那麼，我們就應當積極地補上，不要被執迷所操控，人生轉眼便到盡頭，生活有那樣多的美好事情，我們實在不應該自囚在無謂的人事爭鬥中，那不僅十分愚笨，也太浪費光陰了。

每個人的一生會遇到多少遺憾事，我們當然無法掐指算出，不過有許多遺憾事確實是可以避免的，凡事只要再退一步想，心態只要多轉個彎，那麼再大的抱憾缺口終能成為前進無憾人生的入口。

把夢想建築在誠實的基礎上

一旦心中有愧，不管我們做了多少事彌補，
多繞了幾個彎道，始終都會被錯誤的那一步
所拖累，只因為我們打從一開始就錯了。

一句謊言也許可以讓我們躲過今天，但卻躲不過明天。包裝再好的欺騙最終都一定會被人戳破，因為紙包不住火，即使人們沒有發現其中問題，你我的心都很清楚：「這是不對的！」

懷抱創業理想的卡特已下定決定要離職了，當他對同事說出心中夢想時，幾乎所有人都笑他：「癡人做夢！」

此刻，卡特已經走出了公司大門，當他坐進了駕駛坐時，忍不住對著後視鏡裡的自己說：「你一定行！」

「嘎……」車子發動後忽然出現了一個奇怪的聲音，接著前方竟冒出了白煙。

卡特連忙將車子拖到修車廠，修車師傅們研究了一會兒後，便對卡特說：「你得換台新的引擎。」

這個答案讓剛失去經濟來源的卡特有些發愁，接著他問：「我得花多少錢？」

「三千塊，我想你還不如換輛新車算了。」接著修車員拿出一張汽車商的名片，他告訴卡特，那是一間專門買賣車輛車商。

　　卡特接過了名片，便勉強地開著冒煙的車，緩緩地朝著目標前進，心中還不斷地告訴自己：「我要得到一輛嶄新的車，而且不必花任何一毛錢。」

　　卡特終於來到了經銷處，先將自己的車子放在不遠處，免得被銷售員一眼看出車子有問題，車子安置妥當後，卡特便帶著滿臉的自信走進車輛展示的地方。

　　也不知道為什麼，卡特此刻確實充滿了自信，而且他對於「免費拿到新車的目標」竟充滿了十足的把握。

　　卡特一進門便看中了一輛豪華轎車，談到買賣時，銷售員問他：「你有什麼東西可以抵押擔保嗎？」

　　卡特點了點頭，回答說：「我有一輛Ａ二八○Ｚ的跑車可以交換。」

　　銷售員一聽，直說：「那太好了，我們去試一試車子的性能吧！」

　　卡特一聽，忍不住深吸了一口氣，接著便將車鑰匙交給了他。

　　但奇怪的事情發生了，無論是銷售員和卡特怎麼轉動鑰匙，車子就是發不動，最後他們請來店裡最好的修車師父來看，還是沒有結果。

　　最後店裡的經理對他說：「你這輛車看起來還不錯，你可以把新車開回家了，其他的問題我們會自己解決。」

　　沒想到真的讓他免費換到一輛新車了，雖然心中仍然疑惑著：「怎麼會有這樣的機會呢？車子明明會冒煙啊？」

　　但是，事情沒有就此結束，因為，問題最終竟發生在卡特本人身上。

　　第二天，卡特在睡夢中意識到一件事：「我留了一輛不中用的汽車給別人，自己卻換得了一輛全新的車子，明知道車子有問

題，我竟然還跟別人交換，如此品德怎麼能成就事業呢？」

一想到這裡，卡特的心中便充滿了慚愧，於是他立即起床，將新車開回到經銷處，他堅強地走到經理面前，接著將車鑰匙遞給了他：「對不起，我昨天太興奮了，以致於忘了告訴你車子的引擎有毛病，這是新車的鑰匙。」

經理一聽，吃驚地對他說：「沒想到你竟然這麼老實地回到這裡，但是，親愛的朋友，這個新鑰匙你還是拿回去吧！因為，你那輛車的引擎並沒有壞，它只是需要一點油而已！」

無論如何，卡特還是一毛錢也沒花地擁有了一輛新車，這是心想事成的奇蹟，也是誠實面對的回報。

每踏錯一步，我們如果不能立即糾正自己，要求自己坦誠面對，那麼我們接下來的每一個步伐都是錯的。

因為一旦心中有愧，不管我們做了多少事彌補，多繞了幾個彎道，始終都會被錯誤的那一步所拖累，只因為我們打從一開始就錯了。

卡特深知這個道理，所以為了讓未來站得住腳，更為了自己的夢想能夠建立在誠信的基礎上，他坦然面對自己的錯誤，也換回了他實踐成功夢想的自信。

你看，如果卡特沒有回到車商那兒告白，那麼他恐怕終其一生，都將被這個錯誤所牽絆，畢竟心中一旦有了黑暗角落，人生的步伐當然無法坦蕩跨步，無法大步邁向成功未來；反之，若不是卡特願意誠實面對，他永遠也不知道，這輛新車原來就屬於他的，不是嗎？

誠實才會結出豐盛的果實

真正的成功商人都會像華納兄弟一樣誠實面對週遭的人，無論遇到了什麼樣的危機或困難，誠實必定能支持著他們，渡過層層難關。

古希臘哲學家德謨克利特曾說：「賺錢並不是無用的事，但如果用不正當的手段賺錢，則是最大的惡事。」

人性是自私貪婪的，在不涉及自己的利害得失的時候，人很容易表現出誠實熱忱的模樣，但是一牽扯到利益，就面臨嚴厲的考驗，因爲大多數人會耍盡各種卑劣的手段，試圖讓自己成爲最大的受益人。

其實，許多成功者的故事都告訴我們：誠實才是最好的勝利模式。

即使在商言商，也不管玩弄了什麼樣的商業伎倆，誠信始終是維持商譽的第一要訣，倘若存心玩弄我們的承諾，最後真正被玩倒的人，恐怕是我們自己。

一九一八年，剛成立的華納電影公司還來不及掛牌，便因爲資金出了問題，而瀕臨破產的邊緣。

所幸，哈里‧華納命中有貴人，在紐約街頭巧遇了銀行家英特利，兩個人在一陣簡短的交談後，英特利就毫不猶豫地借貸了

一百萬美元給華納，這不僅讓華納製片廠在初期轉危為安，更讓華納兄弟兩個人從此更加堅強。

因為，他們從那一天開始相信：「再多的困難我們一定都會走過。」

然而，一個小小的「巧遇」，怎麼可能會有那樣大的轉變？又是什麼原因，讓英特利願意這樣熱誠地幫助並不熟識的哈里‧華納呢？

答案就在一九二三年四月，華納電影公司成立的晚宴上！

英特利上台致詞之時說：「我要向華納家致敬，因為華納四兄弟對父母的疼愛，以及他們兄弟之間的那份真誠友愛，十分令人感動。這些年來，我們的交往更深了一些，這個親近的機會也證明了我的眼光。我想，正因為華納兄弟的真誠與老實，讓他們不想成功也難。總之，我很高興有這份榮幸能在金錢上給予他們支持。」

英特利話才說完，老華納就忽然站了起來，並激動地說：「這是我第一次在公開場合說話，聽完英特利先生的話，讓我想起曾有人這麼評價我的兒子。有個人說：『華納兄弟不可能在電影業上有所作為。』另一個人便問：『為什麼不可能？』他說：『因為他們太誠實了。』我只是要補充這句話！」

老華納說完停頓了一下，接著提高了嗓門，又說：「今天，英特利先生說到支持他們兄弟倆的原因，竟是他們的誠實，這讓我非常感動，孩子們，此刻真是我一生中最驕傲的時刻！」

老先生話一說完，現場立即響起了如雷掌聲，而華納兄弟看見父親如此開心，也滿臉微笑地對著父親。

　　我們常說「傻人有傻福」，或許華納兄弟便是最好的見證！

　　因為個性老實守信，讓華納兄弟在待人處事的態度上，充分地表現出堅強的信心與敬業的態度，這些都是促成華納兄弟成功的重要秘訣。

　　只要能確實地表達出心中的感受，沒有隱藏，那麼這份情感一定能讓對方感受到我們溝通的誠意，更讓人們相信我們的處事態度，進而增加人際間的充分溝通與互助合作的機會。

　　真正的成功商人都會像華納兄弟一樣，能夠誠實面對週遭的人，無論他們遇到了什麼樣的危機或困難，誠實必定能支持著他們，渡過層層難關。

不要拿別人的手來捂自己的鼻子

真相經常藏於假象的身後，唯有獨立思考的
人才能看見其中的真相，也唯有能獨立判斷
的人才能找到成功解題的辦法。

還記得亞歷山大果決地斬斷「哥頓神結」的故事吧！當許多
人複雜地思考如何解開神結時，或人云亦云地猜測其中陷阱時，
亞歷山大只是大刀一揮，便輕鬆解開了這個糾結，沒有太多的猶
豫，只有果決的判斷。

能聽見自己的聲音是最幸福的事，反之，習慣聽別人怎麼說，
而不肯主動思考或自主判斷的人，生活經常充滿著矛盾，更缺乏
表達自己意見的勇氣。

凱利公司是一間生產藥品與醫藥器材的外資公司，而總經理
奈克是個相當瘦弱的老頭子，分公司遍佈全球的凱利公司業務相
當繁忙，即使身為總經理的奈克，也很難得有空到中國的分公司
視察。

於是，老奈克決定找出一位適當的人選，來管理中國分公司
的業務。

這天，老奈克一下飛機便來到公司，並立即召集了二十多名
中層幹部，說是有新發現，要在幹部面前親自做試驗。

莫名其妙被召集開會的幹部們，滿臉茫然地坐在會議室裡，靜靜地等待老奈克，不一會兒，老奈克從電梯裡走了出來。

然而，老奈克風塵僕僕地趕來，卻沒有直接切入主題，竟講起了亞歷山大解開「哥頓神結」的故事，這讓所有出席的幹部們感到很不耐煩，他花了一個小時間把故事解說完，然後才開始進行所謂的「實驗」。

只見老奈克請助理拿來了兩個玻璃量杯，一邊說，一邊比劃著：「請注意，我現在要將這杯有色水，倒入那杯無色水杯裡。在此之前，我想請大家注意一件事，當我將有色水倒入無色水裡後，會產生一種化學反應，會議室裡將會產生一種氣味，當大家聞到這個氣味時，請趕快摀住你們的鼻子。」

老奈克準備好後，又補充說：「因為這個氣味有毒！」

說完，老奈克高高舉起那杯泛紫色的水，然後將它緩緩倒進無色水中，只見無色水立即變了顏色。

這時，老奈克問：「有人聞到氣味了嗎？聞到氣味的人，趕快把鼻子摀上吧！」

只見會場上二十幾個人臉上充滿了困惑，他們互相看了看對方，似乎不大確定是否聞到了氣味。

忽然，有個很小的聲音說：「好像有一種氣味。」

這一說，幾十個人連忙掏出手帕摀住鼻子，老奈克巡視了現場每一個人的狀況，忽然瞥見一個年輕人沒有摀住鼻子。

老奈克指著他問：「你怎麼不摀住鼻子，這氣味有毒耶！」

未料，年輕人竟滿臉不解地問：「什麼氣味？我根本沒有聞到啊！」

老奈克一聽，大笑了起來，接著用他十分生硬的中國話，斷斷續續地說：「年輕人，你判斷得沒錯！這根本不會產生什麼氣

味，因爲這只是兩杯很普通的水，兩杯水之所以會變色，是因爲我偷偷地染了色。」

老奈克又點了點頭，接著說：「就像亞歷山大斷然用長劍劈開神結一樣，你和亞歷山大都有著共同的特質，皆能堅持自己判斷是非的法則，不隨波逐流，人云亦云，我相信，你一定是個可塑之才！我聽說中國人很習慣隨波逐流，但你獨立思考的表現，讓我對你充滿了信心。」

「不盲從，你便會看見真相之所在！」這是老奈克實驗裡的隱含意，更是習慣追逐潮流的人，應當時時放在心中的提醒。

處事待人，我們都應該像故事中的年輕人，給自己一個獨立的思考空間，絕不隨波逐流，更不要在人們的煽動下，失去了自己的判斷能力。

真相經常藏於假象的身後，唯有獨立思考的人才能看見其中的真相，也唯有能獨立判斷的人才能找到成功解題的辦法。

逃避是扭曲真相的第一助手

很多人是習慣以「逃避」的方式，來掩藏另
一個錯誤，或為了保護第一個錯，而錯走了
第二步。

面對錯誤，很多人總是都習慣以「逃避」的方式來掩飾，或
為了隱藏第一個謊言，而撒了第二個謊言，以致於即使真相已經
出現，卻仍然讓人充滿矛盾與模糊。

大戰結束，一群法國士兵各自回到家鄉，除了利比以外，大
部份人的生活都過還不錯，為了這段友誼，這群曾經共患難的士
兵們每年都會在谷冉丁家聚會一次，而且從未有人缺席。

一年一度的聚會又到了，在熱鬧且豐盛的宴席上，大家放聲
談笑，唯獨利比坐在一角，滿臉愁容。

家境困苦的他，每當拿起食物時，心中便忍不住一陣心酸。

因為，當他端起牛奶時，腦海便立即顯現他那嗷嗷待哺的嬰
兒，而另一手拿起麵包時，滿腦子都是飽受饑餓的妻兒，這些不
斷浮現的畫面讓利比忍不住紅了眼眶。

這時，谷冉丁驕傲地拿出一塊大金幣給客人們欣賞，並讓戰
友們互相傳看，這讓整個廳堂頓時充滿了歡樂氣氛。

散席時，忽然，谷冉丁著急地喊著：「誰拿走了我的金幣？」

　　金幣不翼而飛了，在場的戰友們紛紛表示自己的清白，為此，有人便高聲建議：「搜身吧！」

　　提議人第一個站了出來，以證明自己的清白，一時之間大家都爭先恐後表示自己的清白，唯獨利比不願意讓人搜身，他甚至拒絕翻開口袋或掀開衣服，來以示自己的清白。只見他漲紅了臉，雙手很不自然地垂在身邊，好像想遮掩什麼似的。

　　現場所有人看見了，無不鄙視地看著他，好似想將利比生吞活剝了一樣。

　　「金幣一定是他偷的，利比是賊！」忽然，有人大聲地喊道。

　　一時之間斥責聲四起，每個人都附和著：「利比是賊，利比是賊。」

　　谷冉丁說：「利比，翻一下你的衣袋吧！」

　　「不⋯⋯不！」利比惶恐地回答，接著還捏緊口袋。

　　這個舉動讓人看了不懷疑也難，每個人都不想再給利比機會了，大家看利比不肯誠實面對，氣得要把他轟出去：「那麼，你快滾吧！」

　　傷心的利比滿臉羞愧地跑了出去，走在街上，只見他喃喃道：「我是個賊，我是個賊啊！」從此，利比再也沒有參加聚會。

　　幾年後，谷冉丁在整修房屋時，竟從地板夾縫間發現了那枚大金幣，那一刻他才發現大家誤會了利比，愧疚直湧心頭。

　　谷冉丁停下了手中的工作，立即趕到利比家中向他表示歉意。

　　接著又問利比：「利比，你為什麼不讓人搜身呢？」

　　只見利比低下了頭，慚愧地說：「因為，我真的是個賊。」利比抬起頭，用祈求原諒的聲音說：「因為，我當時在口袋裡裝滿了要給妻兒的食物。」

　　看著讓人同情的利比，爲了妻兒的偷竊舉動，相信許多人會想，如果利比願意誠實面對，相信朋友們一定會諒解的。

　　不過，問題癥結始終還是在利比的身上，對明知自己有過錯的利比來說，雖然他沒有偷金幣，但口袋裡滿滿的食物，卻掩蓋不了他犯錯的事實。

　　其實，明知有錯，不論有沒有受到冤枉，很多人是習慣以「逃避」的方式，來掩藏另一個錯誤，或爲了保護第一個錯，而錯走了第二步。

　　從利比的故事中，我們也深刻地了解到，真相始終都會大白，但是我們也沒有必要浪費時間來等待真相，反之應該誠實認錯。

　　如果，在事情一開始我們便能誠實認錯，如果利比在事發當時能誠實以對，相信他不僅會得到大家的同情，更會得到大家的友情幫助。

虛榮心容易讓人犯錯

虛假，會害人一事無成，因為那樣的人只做
表面工夫；謊言，會讓人失去自信，因為他
們心中很清楚，自己說的話並不可靠！

想在這個多變的現代社會中好好地生存下去，就要明白誠實
的價值，態度不能有半點虛假，因為，一旦虛假作祟，我們便會
誤墜有心欺騙的陷阱中，最終連自己都找不到重新站起的立足點。

因為兒時破缸救人的智舉，而讓後人喻為神童的司馬光，成
功的最重要關鍵，其實全來自於父母的教導。

在父親管教下，司馬光在課業不僅被嚴格督促，在待人處事
上，他的父親也相當注意，只要司馬光行為一有偏差，他都會立
即給予糾正。

司馬光五歲那年，有一天他拿著核桃請姐姐幫忙剝開，但是，
兩個孩子弄了半天，卻怎麼也剝不開這個硬核桃。

後來姐姐放棄離開後，有位女僕看見小司馬光使勁地剝著核
桃，非常心疼，便上前教他怎麼剝開這個頑強的核桃，只見她先
將整顆核桃放進熱水中燙了一下後，核桃的殼便很快地被剝開了。

過了一會兒，小司馬光的姐姐回來，看見弟弟正開心地剝著
核桃品嚐，立即問他：「這怎麼剝開的啊？是誰幫你弄開的呢？」

沒想到小司馬光竟滿臉驕傲地說：「是我自己弄開的！」

這時，司馬光的父親忽然大喝一聲：「你怎麼可以說謊！」

原來，他的父親一直在他身邊觀察，小司馬光聽見父親斥責，立即站了起來，接著慚愧地低下了頭。

小小的一件事卻對他有著很深的影響，從此，不管是在待人處事上，還是學習請益時，司馬光都會誠實以對，不敢有半點虛假的態度。

在這樣的教養環境下，司馬光在十五歲時就有了「於書無所不通，文辭醇深，有西漢風」的讚譽。

虛假，會害人一事無成，因為那樣的人只做表面功夫；謊言，會讓人失去自信，因為他們心中很清楚，自己說的話並不可靠！

如果沒有父親的指正，或許歷史上的今天，就沒有司馬光的名留青史了。

每當我們深入了解問題青少年們的行為偏差時，經常會發現，他們很多都是來自問題家庭的小孩，有些是因為父母忙於工作造成的疏失，有些則是因為父母無心教導的錯誤態度所致。

家庭教育是所有教育的根本，只有嚴謹的教育態度，才能一步又一步地引導孩子，所以我們應該教導孩子培養誠實的生活態度建立起明確的人生目標。

用寬容的心胸進行溝通

只要我們願意以寬容且豁達的心胸，敞開閉
塞的都市生活態度，那麼接下來所迎接的人
際關係，一定會是我們所渴望的尊重與關
懷。

人與人之間永遠離不開真誠與坦率，只要我們能時常站在對
方的立場著想，並以寬容豁達的心態來做交流，生活便不會再出
現那麼多的紛爭與誤會。

所以，希望得到別人尊重，別忘了先要求自己。

從自己開始，主動去尊重別人；如果，你想獲得別人的體諒，
那麼你就不能忘了給對方一份真誠的體貼。

格雷‧史潘斯是美國相當著名的律師，許多棘手的官司都讓
他打贏了。

他常說：「我的成功秘訣是，善於溝通人與人之間的感情。」

曾經有人問他，要怎樣才能學會這一點？沒想到他的回答竟
是：「崇高的智慧並不難得，我從未在任何名人或達官貴人身上
獲得利益。我的老師其實是我飼養的那條狗，我從牠身上學到的
東西，超過了我所閱讀過的經典著作。」

當大家聽見他的成功秘訣竟來自於他的狗時，無不吃驚地問：
「狗？」

格雷‧史潘斯微笑地點了點頭：「沒錯，是我家那條狗。其實，牠的智慧，表現在牠從不掩飾自己的態度上，當牠需要我的愛撫時，絕不會板起臉孔待在牆角，更不會裝模作樣地表現牠的需要。牠只會直接把頭放在我的腿上，然後努力地搖動著尾巴，並親切地望著我，等待著我的愛撫。」

格雷‧史潘斯說到這裡時，看見更多困惑的臉龐。

這時他停頓了一下，才接著說：「在待人處事上，我們不也應當如此嗎？如果你期待別人的愛，請率真地表達出你的需要；如果，我們想獲得別人的尊敬和信任，那麼我們便不可以裝模作樣地掩飾自己，一切都要誠實以對，坦然面對，特別是在與他人溝通時，我們要先敞開自己的心胸，丟開自我的本位主義。如此，我們便能與人溝通無礙，生活也一定會變得更加順暢。」

在時常被好朋友傷害的社會中，真誠坦率，對於習慣談論人性狡詐的現代人來說，簡直是緣木求魚。

不過，無論我們多麼失望，也不應該絕望，因為，就像格雷‧史潘斯說的：「如果你期待別人的愛，那麼就應該率真地表達出來！」換句話說，我們不應該苦苦等候人們的回應，而是要主動出擊，從我們自己身上開始，就像直接且坦白的小狗一般，主動與人和善，發自內心地與人誠懇交流，很快地，我們便會得到相同的溫暖回應，你認為呢？

其實，人與人之間的溝通並不難，無論社會存在了多少黑暗面，無論人性裡存有著多少險惡，只要我們願意以寬容且豁達的心胸，敞開閉塞的都市生活態度，那麼接下來我們所迎接的人際關係，一定會是我們所渴望的尊重與關懷。

誠實以對，才不會心中有愧

誠實以對永遠比說謊來得更加自在，那不僅
能讓我們更坦然於自己的生活，還能讓人因
為生活無愧，而踏出自信的人生。

　　法國文豪大仲馬曾說：「不管一個人說得多好，你要記住：
當他言不由衷的時候，就會說出蠢話來。」

　　不必刻意說謊，因為謊言總有被戳破的時候，誠實待人，才
能圓滿解決問題，並換得人們給予我們的信任與支持。

　　有隻長年居住於海中孤島的老烏鴉，除了在這裡築巢，也遵
循著自然法則在這裡完成了牠的終生大事。

　　然而，小烏鴉出生後，小島上的食物開始明顯的不足，更不
幸的是，小烏鴉出生後不久，母親就忽然失蹤了，這接二連三的
意外，逼得老烏鴉不得不重新尋找另一個居所，最後，老烏鴉決
定帶著孩子飛回大陸。

　　這天，老烏鴉用力地抓緊其中一隻雛鳥飛越大海，但路途實
在太遙遠了，牠還飛不到一半，便開始疲倦了，只見牠忽然慢慢
地下降，翅膀的拍打動作也越來越慢了。這時，老烏鴉問小烏鴉：
「孩子，我老的時候你會不會照顧我？願不願意讓我一直待在你
身邊？你要誠實回答我！」

小烏鴉立即回道：「我會的，爸爸。」

表面上小烏鴉這樣回答，但其心中想著的卻是：「當然會了，這裡是大海耶！萬一回答不會，老爸肯定要把我扔進大海。」

老烏鴉聽了雖然滿意，但是當牠越飛越累時，心中忽然一陣感嘆：「唉！這孩子根本沒說實話。」

老烏鴉這麼一想，爪子同時也鬆了開來，小雛鳥即時跌入了大海中，而老烏鴉見孩子已經救不回來，便又折返回小島去了。

等牠養精蓄銳一番後，便帶著第二隻雛鴉飛越大海，然而相同的情況又再發生了，渾身疲憊的老烏鴉，再次問孩子：「兒子，等我老的時候，你會餵我、照顧我嗎？」沒想到這隻小烏鴉竟回答說：「對不起，爸爸，我不會這麼做。」

老烏鴉一聽，吃驚地問：「為什麼？」

小烏鴉理直氣壯地說：「你老時，我也長大了，到時，我會有自己的窩，我不僅要養活自己，還有小雛鳥要照顧，就像爸爸您一樣，不是嗎？」

老烏鴉一聽，點了點頭道：「沒錯，將來你也要築自己的窩，養育自己的孩子。」

忽然，老烏鴉心中有了一股力量，牠緊緊地抓住雛鳥，並用盡最後的氣力往高處飛去，很快地牠們越過了洶湧大海，平安地抵達了陸地。

有人說：「誠實好比道德天秤上的砝碼，一邊是真，一邊是假。」

只是，當我們在面對誠信的問題時，大多數人對於真假兩方要怎麼加碼，實在傷透了腦筋，因為無論是真話還是假話，恐怕

都會造成殺傷，所以，該怎麼抉擇，確實考驗著我們的智慧。

　　不過，從兩隻小烏鴉的不同選擇中，我們看見了誠實面對的結果，那也是多數人面對誠實時的最好結果。

　　也許有人會質疑，太誠實的人比較容易受傷，但是，說謊的人難道就不辛苦嗎？

　　無論如何，誠實以對永遠比說謊來得更加自在，那不僅能讓我們更坦然於自己的生活，還能讓人因為生活無愧，而踏出自信的人生。

不要做出錯誤的示範

在人生的過程中，對於人事物的放下與珍
惜，每個人一定要拿捏得好，因為任何偏
失，我們都必須承擔未來的損失與後果。

孩子只懂得學習，不太懂得分辨，教育的第一傳輸方式正是
身教，那是最直接的示範，父母怎麼做，孩子自然會跟著學習，
大環境表現出什麼樣的教育態度，孩子們也會很快地吸收。

所以，任何會影響孩子學習的偏差動作，我們都應當要小心
避免。

在陳留縣，有個名叫孫元覺的少年，年紀輕輕的他不僅非常
孝順長輩，在待人處事上的拿捏，也經常比大人們更勝一籌。

然而，敬重長輩的他卻有個很不孝的父親，孫父對於他的父
親不僅惡言相向，甚至恨不得他的父親早日歸西。

因為，孫元覺的祖父年老多病，長年躺在床上，無法幫忙孫
父處理日常事務，這讓不知道孝道孫父看了深感厭煩，常常抱怨
自己的老父親：「只會吃，不會做事，真是個老廢物。」

有一天，孫元覺看到父親把祖父抱到一個土筐裡，接著，用
小車將他推出門外。

孫元覺著急地跟了出去，而接下來的畫面更讓孫元覺得痛心

不已，因為他的父親竟然想將老祖父棄置山林。

孫元覺看見父親這個舉動，忍不住放聲大哭，他連忙跪了下來，向父親哀求：「爹，讓祖父跟我們回家吧！」

但是，狠心的孫父面對兒子的苦苦哀求，卻完全置之不理，鐵石心腸的他堅持要將小車推上山去。

孫元覺見狀，一點也不願放棄，他緊跟在他們身後，並邊走邊哭喊著：「爹，帶祖父回家吧！」

但是，不管孫元覺怎麼請求，孫父仍不為所動，一到山林裡，孫父便將祖父連著土筐一起扔在地上，然後準備轉身回家。

就在這個時候，孫父卻見孫元覺一面哭，一面把丟在地上的土筐撿了起來，然後放回父親的推車上。

父親一看，滿臉厭煩地說：「快把那個土筐丟了，那是個晦氣的東西，你把它放回車上做什麼？」

說完，孫父伸手準備將土筐丟到地上。這時，孫元覺連忙阻止：「爹，別把它給扔了，我還有用處。」

孫父不解地問：「要它做什麼？」

孫元覺擤了擤鼻，接著不慌不忙地對父親說：「我想，這個土筐還很好用，我帶回家後會好好保留它。將來，等您也像祖父那樣老時，我也將您裝在裡頭，然後帶您來陪伴祖父。」

父親一聽，氣得怒吼道：「你是我的兒子嗎？你怎麼可以說出這種大逆不道的話！」說著，便作勢揚起了大巴掌……

在此同時，孫元覺卻一字一句地說：「爹爹，您是孩兒的榜樣啊！父親怎麼做，作兒子的我當然也要怎麼學習，不是嗎？您這麼對待祖父，不也希望我將來也這麼對待您嗎？」

孫父聽見兒子這番話，心頭一震，萬分悔恨湧上心頭，只見他紅著眼眶，回頭將老父親抱了起來。

　「總有一天你們也會老！」深刻的生命經歷和生活領悟，讓長輩們經常用這簡單的話語來提醒我們，隱隱地告訴我們，在人生的過程中，對於人事物的放下與珍惜，每個人一定要拿捏得好，因為任何偏失，我們都必須承擔未來的損失與後果。

　就像孫元覺的父親一般，如果不是孫元覺比孫父更懂事理，即使阻止了父親的棄父行為，並暗諷著「上行下效」的仿效可能，孫父未來恐怕也要為自己的行為，付出相同的代價。

　這不是天理報應的問題，而是身教的直接教育，很多時候，父母親不必多說什麼，孩子們便會從他們爭吵的話語或激烈、不當的行為中，輕易地獲得他們立即能吸收、學習的生活態度。

　當孫元覺對父親說出「您是我的榜樣」時，我們是否也正吃驚地省思著：「在我的生活態度中，是否也曾經給孩子們錯誤的示範呢？」

態度決定你的前途全集

──改變應對態度，會讓你心想事成

詩人朗費羅曾說：「重要的不是你站在那裡，而是該往那個方向移動。」

的確，在變動不羈人生過程中，重要的並不是你現在所站的位置，而是你決定要往何處去。你的態度決將會定你的前途，不管眼前遭遇的是順境還是逆境，都要保持積極樂觀的態度，開創自己的前途。

不同的態度，造成不同的人生高度，也讓人走向不同的人生道路。未來會發生什麼事情，或許不是我們可以左右的，但是，我們絕對可以藉由改變自己的態度，讓自己更快心想事成。

人性本來就很詐全集

──你不能不懂的人性厚黑學

愛默生說：「人只有在獨處時最誠實，在他人面前，都是虛偽粉飾的。」

的確，人只要活著，就會被環境影響，被慾望操縱，也因此，每個人的心頭都潛藏著一些見不得人的心思和醜惡的慾望！正因為醜陋的人性讓人防不勝防，現實的社會中才會充滿各種陷阱與勾鬥，處處可以見到詐欺、坑騙、巧取豪奪、過河拆橋、落井下石……等等讓人瞠目結舌的負面情事。

在變動不羈的人生旅程中，我們無法預知什麼時候會被出賣、會被淘汰，唯一能做的就是提醒自己「人性本來就很詐」，認清醜陋的人性，避開各式各樣可能坑殺自己的陷阱。

改變態度就會幸福全集

──先改變自己的心境，才能改寫自己的人生

英國政治家狄斯雷利曾經說過：「人類難以控制環境，然而，卻能掌控自己的心境。」

人之所以活得痛苦，往往是被負面情緒束縛。我們身處什麼樣的環境，或許不是我們自己可以決定和掌握的，但是，只要我們願意，絕對可以藉由改變自己的心境，重新改寫自己的人生。

逃避現實只會讓自己過得更加痛苦！懂得適時改變自己的態度，放下那些虛無、偏頗、怨懟、嫉妒、自以為是……等等束縛自己心靈的枷鎖，人生才有寬闊的出路，不繼續沉陷痛苦之中。

活學活用厚黑學全集

──你不能不知道的生存厚黑法則

莎士莎士比亞曾經寫道：「雖然我不想有意詐騙世人，可是為了防止自己被人出賣，我必須學習並且活用這套手段。」

這句話提醒我們，想在競爭激烈的現實社會存活，每個人都必須學會生存厚黑法則，無論是對你的仇人或是友人，都不能傻楞楞地將自己的一切暴露無疑，因為，他們當著你的面前或許會稱讚你的老實和坦誠，但是在背後，卻會利用你的坦白來陷害你……

把人看到骨子裡全集
──教你不再上當受騙的防詐守則

莎士比亞曾經寫道：「一個人可以儘管滿臉都是笑，骨子裡卻是殺人的奸賊。」

的確，在這個「詐者生存」的時代裡，有些人為了達到自己的目的，往往會在臉上戴著菩薩的面具，但心裡卻盤算著幹出魔鬼的勾當。社會上的詭計到處都是，利用人心弱點所設下的陷阱和騙術，更是五花八門；很多時候，表面上對你越客氣、越有禮貌的人，在骨子裡越可能暗藏著算計你的卑鄙行徑。

活學活用讀心術全集
──把人看到骨子的讀心智慧

魯賓斯坦曾說：「想要讀懂一個人，千萬別只看他的外表，而是要懂得拆開那些外在的精美包裝。」

的確，在這個滿是虛偽與狡詐的社會，想知道對方究竟是什麼樣的人，千萬別被包裝過的外表迷惑，而要透視對方的內心，一眼看出他的底細。

要透視對方的內心並不困難，秘訣就在於掌握口是心非的人性。只要靈活解讀對方肢體語言，你就可以擁有一對讀懂人心的慧眼。

學會放下，把握當下全集
──把悲觀的念頭放下，用積極的態度把握當下

日本企業家稻盛和夫曾說：「人生的道路都是由心來描繪的，所以，無論自己處於多麼嚴酷的境遇中，心頭都不應該為悲觀的思想縈繞。」

確實如此，不管眼前的日子多苦，只要願意不被悲觀、消極、怠惰的思想束縛，生活就不會一直都是烏雲密佈。

千萬不要讓一時的不如意變成自己的心靈魔咒。越是不如意，越是不景氣，就越要鼓舞自己，學會把悲觀的念頭放下，用積極的態度把握當下，才能幫助自己從痛苦的泥沼中走出來，開創嶄新的未來。

瞬間讀懂人心全集
──把人看透透的超強讀心術

心理學家愛德華‧赫斯博士曾說：「想要看透一個人，不要只會用耳朵去聽他說些什麼，而是必須用眼睛去看他做些什麼。」

這是因為，一個人的真正心思，往往會在做了言不由衷的事情之後暴露出來。想要瞬間看透一個人，就不能光看他表現出來的那面，也不能光聽他說出來的話，而要從細微之處看穿他極力掩飾的另一面，以及藏在心中沒說出來的真正心思。

用幽默的方式， 表達你的意思全集

——活用幽默的智慧，及時替自己解圍

心理學家威廉·詹姆斯曾說：「幽默然不是什麼特異功能，卻能輕鬆化解原來尷尬或對立的場面。」

幽默是人際交往最好的潤滑劑，當你遭遇尷尬、對立的場面，或是不同意某些觀點，與其和對方大眼瞪小眼，甚至爭得臉紅脖子粗，倒不如適時藉由幽默的言行，巧妙地表達出自己的意思，更能達成一針見血的效果。

當你面對一椿又一椿惱人的事，與其憤怒地破口大罵，還不如先讓放鬆緊繃的心情，再用幽默的方法表達自己的想法。

操縱人心說話術全集

——站在對方的角度，把話說得恰到好處

英國作家吉普林曾說：「語言，是人類所使用的最有效的藥方。」

無論遭遇的情況多麼糟糕，只要妥善運用語言的力量，就一定會出現驚人的「療效」。

擅長操縱人心的人，必定懂得發揮語言的威力，讓自己無往不利。我們不難見到，無論是政界、商場、學界，或是其他領域，最受人歡迎的，永遠都是善於運用言語力量的佼佼者。

懂得語言藝術的人，知道如何巧妙引導別人接受自己的想法，順利達成目的。相反的，不懂得語言藝術，就只能眼睜睜看著自己陷入人際困境，寸步難行。

你不能不知道的戀愛心理學全集

——男人女人都必須知道的「談」戀愛技巧

茱莉亞·羅勃茲曾說：「如果你愛一個人，必須立刻大聲說出來，否則機會錯過了，就不會再來。」

的確，有很多原本有機會在一起的戀人，往往都是因為沒有及早讓彼此知道彼此的心意，以致於讓剛剛開始萌芽的愛苗，硬生生地在彼此不敢開口告白之中枯萎。

因此，如果你渴望擁有一段美好的愛情，千萬要注意戀愛是開口談出來的。因為，你不開口「談」戀愛，對方又如何會知道你是不是真的對他有意思呢？

放下，才能快樂活在當下全集

——選擇放下，就是選擇讓自己幸福快樂

莎士比亞曾說過：「當命運的鐵拳擊中要害的時候，只有快樂自在的人，才能處之泰然。」

想要快樂自在，就必須放得下，看得開。

對於不願意放下的人，生命歷程中遭遇的痛苦、折磨，無異是漫長的夢魘，日夜糾纏著自己。但是，對於懂得適時放下的人，就算眼前的日子再苦，也會試著把它過得快樂幸福。

人生是快樂或痛苦，端視面對生活的態度，只要看得開、放得下，坦然活在當下，不僅可以讓自己活得快樂自在，更可以讓人生變得更加精采。

別為小事鬱卒全集
──把「小事」化為成就「大事」的墊腳石

喬治‧彭斯曾說：「如果事情不是你能控制的，那就沒有必要發愁，如果你還有辦法可想的話，那麼還有什麼好愁的？」

確實，一般人的苦惱、鬱悶，往往來自於對某些小事患得患失，卻不願理智地採取相對應的措施。老是為了無謂的瑣事氣不停，老是為了可以解決的小事浪費時間，這種日子未免活得太沒價值了。

如果你能冷靜理智地面對，放寬自己胸懷，活用自己的大腦，那麼，就不會再為那些無謂的小事鬱卒了。

會撒嬌的女人最幸福全集
──沒有不幸的女人，只有不懂得撒嬌的女人

珍娜曾經寫道：「撒嬌」是女人可以『不戰』就讓男人屈服的最甜密武器。」

不論是「大男人」還是「呆頭男」，通常都敵不過女人在自己眼前撒嬌，因此，身為女人的妳，如果想要握住自己想要的幸福，那麼就必須適時地在男人面前，將這項與生俱來的「撒嬌」能力，發揮到淋漓盡致。

麗芙曾經寫道：「沒有不幸的女人，只有不懂得撒嬌的女人。」

的確，一個懂得在男人面前撒嬌的女人，通常可以讓自己成為最幸福的女人，因為，男人要的往往不是一個凡事都凌駕在自己之上的「女強人」，而是一個懂得向自己撒嬌的「小女人」。

正宗厚黑學大全集
──看穿醜陋人性的處世真經

現實的社會充滿陷阱，處處可以見到欺騙，訛詐，巧取豪奪；複雜的人性捉摸不定，有時散發著善良的光輝，有時流露著醜陋的慾望。

人不能只有小聰明，卻沒有大智慧；厚黑學不是教你賣弄聰明、耍奸玩詐，而是教你看穿人性、修煉人生，認清誰正在對你使詐。

當我們熟讀厚黑學，就知道所謂英的英雄，偉人都是厚黑高手，世間既厚又黑的人到處都是，應付人情事故的時候，就不會被厚黑之輩愚弄了⋯⋯

孫子兵法厚黑筆記全集
──活用智慧，才能為自己創造更多機會

《戰爭論》作者克勞塞維茨曾說：「任何一次出其不意的攻擊，都是以詭詐為基礎。」

的確，活用智慧，才能為自己創造更多機會，想在人性戰場上克敵制勝，「詭詐」絕對是你必須具備的人性潛技巧。《孫子兵法》也強調「出奇制勝」，因為與競爭對手正面衝突，必然會造成自己的損傷，必須根據不同的情勢靈活運用智謀，出其不意、攻其不備，才能為自己創造更多機會，以最小的代價獲取最大的利益。

生活講義

121

感謝折磨你的人：看穿人性篇

作　　者　凌　越
社　　長　陳維都
藝術總監　黃聖文
編輯總監　王　凌
出 版 者　普天出版家族有限公司
　　　　　新北市汐止區康寧街 169 巷 25 號 6 樓
　　　　　TEL / (02) 26921935 (代表號)
　　　　　FAX / (02) 26959332
　　　　　E-mail：popular.press@msa.hinet.net
　　　　　http://www.popu.com.tw/
　　　　　郵政劃撥 19091443 陳維都帳戶
總 經 銷　旭昇圖書有限公司
　　　　　新北市中和區中山路二段 352 號 2F
　　　　　TEL / (02) 22451480 (代表號)
　　　　　FAX / (02) 22451479
　　　　　E-mail：s1686688@ms31.hinet.net
法律顧問　西華律師事務所・黃憲男律師
電腦排版　巨新電腦排版有限公司
印製裝訂　久裕印刷事業有限公司
出 版 日　2018 (民 107) 年 8 月第 1 版
I S B N◎978-986-96524-2-1　　　條碼 9789869652421
Copyright◎2018
Printed in Taiwan ,2018 All Rights Reserved

國家圖書館出版品預行編目資料

感謝折磨你的人：看穿人性篇／

凌越編著. —第 1 版. —：新北市, 普天出版

民 107.08 面；公分. - (生活講義；121)

ISBN◎978-986-96524-2-1 (平裝)

CIP◎177.2

普天之下・盡是好書
普天出版社
Popular Press